MES ENVIES DE VIVRE
MES PLUS BELLES HISTOIRES DE TABLE

Jean-Luc Petitrenaud

Mes envies de vivre

Mes plus belles histoires de table

Récit

Fayard

ISBN : 978-2-213-63586-6

Mes envies de vivre *font appel au souvenir, sans nostalgie. Elles ont pour nom Léontine, Raymond, Lily, Marianne, Jeanne, Henri… Tous ces gens qui m'ont appris à aimer l'instant qui passe, quand j'étais enfant, quand j'ai grandi. Quand l'envie de vivre se faisait désirer. Chacun d'eux est pour moi le héros d'une belle histoire venue se fondre à la mienne. Raymond, le balayeur chef de Clermont, me faisait écouter, à moi, le balayeur apprenti, le chant d'un rossignol qu'il était seul à connaître. Petits bonheurs pour petites gens, disait-il. Ma grand-mère Louise enfermait dans son coffre à linge ce pâté de pommes de terre que nous aimions tant manger chez elle : « Mes enfants, je suis vieille et fatiguée.» Le pâté apparaissait, elle nous avait bien eus! Jeanne, la psychanalyste rencontrée dans un centre de rééducation où j'enseignais la pantomime, cachait derrière son armoire un grand poème écrit sur le mur par Paul Eluard, un poème d'amour fou. Elle me nourrissait. «Les artistes? Ils crèvent de faim», disait-elle.*

Ce sont toujours les autres qui m'ont donné envie de vivre, et j'essaie par ce livre de leur rendre la politesse.

Jean-Luc Petitrenaud

Le chant du balayeur

J'ai été comédien, clown, mais j'ai été aussi balayeur de rues. Pas longtemps : seulement deux mois. Je devais faire un stage dans un milieu professionnel inconnu et j'ai choisi ce métier situé au plus bas de l'échelle sociale, comme disent ceux qui ne l'ont jamais ni descendue ni montée, la fameuse échelle.

Nous sommes en 1970, je rencontre le maire de Clermont-Ferrand et lui demande cette faveur. Je veux être employé de la ville, moyennant promesse de cacher aux services municipaux ma demande insolite. Je veux être balayeur, un vrai balayeur. Derrière son bureau, le maire est surpris, agréablement surpris : lui qui est un ancien mécanicien, apprécie ma curiosité.

Trois jours après, sur le coup de 6 heures 45, je me rends au local des balayeurs où les permanents de la fonction m'attendent. Ils sont tous assis sur des chaises bancales, des fauteuils dépourvus d'accoudoirs. Le décor sent la récupération. C'est triste et gai à la fois. Ce garage qui abrite les poubelles roulantes ressemble à une cabane d'enfants pleine de jouets cassés et de rêves secrets. Le néon n'arrange pas le teint de mes collègues. Eux non plus ne sont ni gais ni tristes. Ils attendent la cloche de 7 heures pour commencer leur traversée de la ville sans joie, sans peine, comme ça, pour que le temps passe, sans oser le retenir.

Durant la première semaine, on m'associe à Raymond pour que je découvre le métier. Raymond est un vrai balayeur professionnel, un gars qui a le tour de main. Il attend sa retraite sans manquer un seul jour de travail. « Raymond connaît son métier », souligne le chef de la petite troupe. Lui est jeune, beau, entreprenant. Il semble juste sorti des écoles. Il en impose à l'équipe, celle qui n'arrive pas à se jucher sur le fameux premier barreau de l'échelle. Le rôle du chef consiste à composer les duos qui vont partir à l'aventure du ramassage de la crotte de chien et du gobelet vide. Celui qui a une cervelle de moineau est apparié à un qui semble « plan-plan ». Marié à Raymond, je devine que je dois être considéré comme un jeune chiot qui n'a pas encore fréquenté l'école de dressage. Le rôle du chef est aussi de sillonner la ville au guidon de sa mobylette bleue. Il varie ses parcours pour choper celui qui flâne, celui qui ose poser une fesse sur un mur pour se rouler une cigarette. Il traque le balayeur immobile. Ce qu'il ne sait pas et ne saura jamais, c'est que les compagnons du balai sont plus rusés qu'il ne pense et qu'ils sont souvent amis de certains riverains, qui leur ouvrent l'accès des cours et jardins pour des pauses illégales.

Ce lundi, à 7 heures pétantes, j'entrouvre enfin les portes de mon rêve et commence mes escapades à travers la ville en tenant le manche du balai. Le chef gronde : «Allez, allez... on y va.» Les gars s'ébrouent comme des moineaux à la sortie de la flaque d'eau. Ils baillent, ajustent leur casquette. Je suis habillé d'une cotte bleue que j'ai conservée de mon apprentissage en chaudronnerie. J'emboîte le pas lent, très lent, de Raymond. On n'entame jamais une journée par un sprint. On ne risque pas le claquage musculaire. On chauffe, on s'échauffe la carcasse avant le premier coup de balai. Depuis le garage, la patrouille se sépare pour prendre Clermont quartier par quartier.

Raymond et moi partons pour la place des Salins et ses rues adjacentes, puis on reviendra par la place Chapelle-de-Jaude et ses ruelles sombres. Raymond est fier, très fier d'être attelé à un débutant. C'est un bonhomme court en pattes, sans cou : sa tête est vissée sur ses épaules; indéboulonnable, sa tête. Il porte une casquette de toile légère. Cette coiffure lui va comme un gant. Je le soupçonne de ne jamais l'enlever, même pour dormir. Même lorsqu'il se gratte la tête il la maintient entre le pouce et l'index pour qu'elle ne s'échappe pas. Raymond a peu de cheveux. Il se colle sur le crâne les quelques rescapés avec du gel Pento ultraparfumé. À l'abri des regards et de la casquette, sa tête a échappé au bronzage et aux traces du temps. La tête de mon Raymond est blanche comme les fesses d'un bébé…

Ce matin, il pousse la poubelle pour me montrer la position des mains sur la barre, l'endroit précis où on doit l'abandonner sur le trottoir, le temps du nettoyage. Je comprends que les autres jours, c'est moi qui pousserai la poubelle. C'est normal, je débute, je suis un cran au-dessous de Raymond. Chacun a sa pelle et son balai, et on a un tuyau pour deux – une serpillière pour deux aussi. Le tuyau pendouille de la monture comme le cou d'un canard gras dans le panier de la fermière qui vaque au marché. Raymond possède dans sa poche le « carré », cette clé qui permet d'ouvrir l'eau au coin de la rue. Au début, on bavarde peu. Chacun campe sur son quant à soi, c'est normal. On n'a jamais vu un homme débarquer dans le compartiment d'un train et entamer la causette illico. Il faut s'amadouer, se jauger, après on regrette toujours d'être arrivé au terminus sans avoir pu conclure la conversation.

Premier arrêt devant le numéro 1 de la rue. J'imite Raymond qui pousse avec la pointe du balai un paquet de gâteaux secs. L'emballage est très vite associé à un tas de feuilles mortes qui se blottissait au pied d'un pylône. La valse du balai est légère, gracieuse. Raymond a de l'élégance. Il tend les bras pour aller cueillir un bout de cigare écrasé. Il ne bouge pas. Il pivote sur lui-même comme le gondolier sur le Grand Canal. Sa récolte rassemblée à ses pieds, il cale sa pelle sous son bras et charge le tas. En une pelletée, il résume près d'un demi-siècle au service de la voirie. Travail parfait, abouti.

Moi, j'ai l'impression de chipoter, à côté de lui. C'est le maître et l'élève. J'ai du mal à prendre mon envol devant ce seigneur qui sait si bien battre des ailes. Je ramasse, je cueille comme je peux.

Au croisement de deux rues, Raymond branche le tuyau et le dirige vers le caniveau. Il libère l'eau. Il se relève avec fierté. Ce petit ruisseau emporte tout ce que l'on ne peut récolter à la pelle : mégots, feuilles, mouchoirs, papiers de bonbons, tout est embarqué, charrié, englouti. Si le ruisseau gronde trop fort, Raymond cale la serpillière le long du canal pour que les choses rentrent dans l'ordre. C'est lui qui dirige les opérations, qu'on se le dise !

Du bout du balai, on capture l'eau pour nettoyer de manière superficielle le trottoir. On devient peintre, peintre des rues. On saisit l'eau fraîche sur la palette et on la distribue sur la toile des passants. On peint, on bénit le trottoir, le balai se fait goupillon, et le balayeur, artiste.

L'art gît également dans l'étude spécifique de la crotte de chien. Raymond est intarissable sur le sujet. « Tu dois d'abord regarder pour évaluer si c'est aujourd'hui ou demain que tu vas la cueillir.» Parfois on contourne, on évite, parfois on ramasse, c'est à l'appréciation du balayeur.

C'est à 8 heures 30 que l'on décide de faire la pause. Celle-ci est plus ou moins autorisée. Tolérée, mais pas complètement. Il faut être finaud, organisé. On planque la poubelle entre deux portes cochères ou dans une impasse. Une poubelle par trop voyante, et le rapace à la mobylette bleue vous saisit dans ses serres. Le casse-croûte est alors remballé sur le tas. «Poubelle bien cachée égale casse-croûte "musclé" avec rosé et pâté», telle pourrait être la devise du balayeur.

Raymond connaît tous les bistrots discrets, ceux que le «grand public» ignore par manque de curiosité. Ces cabarets se planquent au fin fond des rues comme s'ils souhaitaient ne pas se faire remarquer. Le commerce est leur dernier souci. Ils sont souvent tenus par une dame bien pomponnée. Elle semble attendre ses hommes qui arrivent du boulot. C'est Blanche Neige et les sept nains. Toujours affairée, elle essuie les verres, elle épluche des pommes de terre, elle lit le journal, elle balaie, elle « fait » ses carreaux. Chaque geste de sa part est une petite goutte de vie qui fait du bien par où elle passe. Par crainte de se laisser aller au *farniente*, elle bavarde tout en vaquant à autre chose.

Celle que Raymond préfère, c'est Léontine. Elle tient son comptoir derrière la place de Jaude. Elle est réputée pour son franc-parler. Elle ne parle pas, elle gueule. Elle ne chuchote jamais. Elle est comme un I, soldat montant la garde, fusil et baïonnette au pied de la guérite. Lorsqu'un client glisse sur le zinc quelques mots d'amour pour la faire rougir, elle le renvoie dans les cordes. Trois cent soixante-cinq combats par an, trois cent soixante-cinq victoires.

Léontine est mariée à un homme discret qui tient un garage à deux pas du bistrot. Il vient peu au bar, car Léontine préfère le savoir au travail. Parfois il ose. Il s'aventure au comptoir, son chiffon à la main. Il arrive toujours avec un «bon» client, comme il dit. Ce bon client est un bouclier. Le bon client de hasard devient garde du corps du mari. «Deux p'tits rosés et on y retourne», annonce Jacky, l'époux. Le verre du client est rempli sans faux-col. Celui de Jacky est servi «moitié-moitié» : moitié vin, moitié eau. Ce petit verre à vin est tenu dans la paume de la main comme une balle de tennis. Il se boit cul-sec, dans l'urgence. On ne flâne pas au bar, on est efficace. «On boit la mienne et on y va.» On ne campe pas au pied du zinc durant une heure et plus, il paraît que ça fait alcoolo. Tandis que, pressé par cette urgence, la visite en paraît plus sportive. Il faut être fébrile, c'est comme ça.

Raymond, qui a ses habitudes chez Léontine, tient à m'épater. Il veut me montrer qu'il a des relations. Il me présente comme le petit nouveau, le «bleu» du jour. Léontine me détaille. Sa jolie bouille de fausse méchante est poudrée à souhait. Elle tient de la pomme d'amour pour la couleur et de la barbe à papa pour l'allure. « Eh ben, dis donc, il est bien plus beau que toi ! » déclare la madone du rosé frais. Je suis fier, fier comme un premier communiant. Son compliment me va droit au cœur. Je bombe le torse, prêt à faire péter les bretelles de ma cotte bleue. Raymond rigole. Raymond sait qu'il ne tirera jamais aucun compliment sur sa personne de la bouche de Léontine. Il a passé sa vie à être bousculé, rabroué. Il cultive ça, le provoque, c'est sa vie à lui.

On est assis à côté d'une plante qu'on appelle « caoutchouc », fruit du hasard dans une ville où tous les rêves ont la forme et la couleur du célèbre pneu Michelin. La carafe de rosé est posée sur la table. Léontine disparaît dans sa cuisine.

On entend la poêle chanter le beurre. La chanson du beurre de ferme au fond de la poêle mérite une oreille attentive. Cette mélodie piquante agace la gourmandise. Pour la calmer, on couche sur le piano l'entrecôte. Là, on entre de plain-pied sur le champ de bataille. Ça gronde comme un torrent à la fin de l'hiver. Ça vrombit comme un moteur en surrégime, et surtout, ça parfume la cuisine et le caboulot. C'est la traînée de poudre qui annonce le pétard. Le coup de tonnerre qui suit l'éclair. Raymond attend cette pluie du matin avec concentration. Il ouvre son couteau, le cale sur le bord de l'assiette. Il ressert le rosé ras bord. On refait les niveaux avant le début du casse-croûte. Voilà le pain bien frais, le pot de moutarde et l'échalote ciselée pour celui qui veut corser l'assaisonnement.

La poêle chantante entre en scène, entraînant dans son sillage Léontine la Divine. Le vinaigre de vin jeté en fin de cuisson pour lier le jus nous fait éternuer. On est aveuglé par la force élégante de ce « frich'ti » du matin. « Allez, régalez-vous ! » Silence. « Je ne sais pas si vous l'avez mérité, mais régalez-vous quand même ! » lance Léontine en n'oubliant pas les tirailleurs alignés au bar. Eux mangent « liquide » et nous envient. Nous, on se lèche « les cinq doigts et le pouce ». On cale le vin avec cette belle entrecôte. Quand on est au boulot, il faut toujours se méfier que le vin (appelé « brise ménage ») ne foute pas la zizanie dans le vocabulaire du patient. Une cuillère de hachis parmentier, un œuf mayonnaise, un reste de pot-au-feu assurent la survie de l'attelage, la navigation du bateau.

Raymond mange avec l'application du gosse qui récite sa poésie. Ses mâchoires semblent huilées. C'est la grande classe. Raymond apprécie : il a fermé à double tour la porte au nez et à la barbe de la conversation. Il se délecte. Il ne laisse rien. Le gras, le maigre, tout y passe. Aucune bordure rejetée sur le trottoir de l'assiette. Il garde pour la fin le centre de l'entrecôte bien dorée. Cette partie impeccable est ronde comme une grosse noix. Elle est tendue comme un baiser. Raymond s'impose des règles : on ne bouscule pas les principes ancestraux de la gourmandise. Le pain blanc arrive toujours après le pain noir. À la fin du match, il nettoie minutieusement le fond de l'assiette avec un gros morceau détaché du quignon. Il ne laisse aucune trace du beurre noisette. Le croûton utilisé est carré comme les épaules d'un rugbyman. Raymond ouvre une bouche immense pour capturer ce dernier vestige de plaisir.

Léontine est repartie à ses affaires en cuisine. Elle prépare le fricot du déjeuner du garagiste. Aujourd'hui, c'est un civet de lièvre. La bête a été rapportée de la chasse par un « bon » client de Jacky, avec promesse qu'ils le partageront. Quelle jolie France lorsque l'on pense d'abord à la gamelle avant de parler boulot ! Au fil de la cuisson du gibier, au fil des viandes poêlées pour les gars du matin, la vitrine du caboulot se cache derrière la buée. Ainsi les dissidents de l'aube, les anarchistes du jour se régalent en paix, protégés par ce bienfaisant brouillard.

Le plateau de fromages industriels est déposé sur la ligne médiane de la table. Raymond choisit le premier un morceau de camembert plâtreux et une lichette de Boursin. Le Saint-Nectaire à la croûte grise, la fourme d'Ambert moelleuse sont réservés à Jacky, pas aux clients. Raymond le fait remarquer à la cantonade : « Nous, on mange les restes ; Jacky c'est le roi. » Léontine sort comme une furie de la cuisine. Elle vocifère la bouche pleine : « Si ça te plaît pas, va voir ailleurs ! »

Les tenanciers qui officient en mangeant m'ont toujours fait rêver. Le pompiste, l'épicier, le buraliste encaissent souvent l'argent la bouche pleine. Le client, lui, au volant de sa voiture ou arpentant le trottoir, imagine le contenu de l'assiette de ce vigile qui bosse pendant que les autres sont officiellement à table.

Le café est servi. Pas de percolateur, de machine, mais un bon café issu de la cafetière familiale. Café filtré depuis l'aube pour Jacky (encore lui) avant l'ouverture du garage. Café en attente sur le coin du fourneau pour les gars du matin. Ce lieutenant fidèle venu du Brésil ou du Costa Rica maintient le travailleur en alerte tout au long de la matinée. Dans la tasse chaude, Léontine verse une gorgée de gnôle offerte. Cet « arrange-cousin » nettoie tout sur son passage. Rien ne résiste à la raideur de ce « Destop » ! Raymond avale le produit cul-sec. « Ah ça, c'est de l'"interdite", bon Dieu ! » L'interdite est cette gnôle que les paysans distillent sous le manteau. Elle se présente toujours sous une fausse étiquette. Elle peut revêtir l'habit du whisky, du cidre, d'un simple vin de table. La bouteille étoilée détourne le regard de l'inspecteur des fraudes. « Pas vu, pas pris », mais motus et bouche cousue à la sortie de la tasse…

Bien calés, nous voici repartis à la cueillette des feuilles mortes et des cartons. J'ai les jambes en coton, mais je garde ça pour moi. Quand on a un p'tit coup dans la pipe, il ne faut jamais le raconter, sinon on rentre illico dans la catégorie des femmelettes et on garde cette réputation longtemps, très longtemps. Raymond, lui, est solide sur ses appuis. Il cueille les paquets de Gauloises froissés avec aisance. Seule la couleur de ses oreilles témoigne d'une fin de match épuisante. Raymond a les oreilles bordelaises. Le passant met ça sur le compte d'une matinée plutôt fraîche et Raymond pense qu'il est légèrement grippé. Il a pris froid, hier, en plantant ses poireaux dans son jardin. Finalement, tout le monde s'y retrouve. La vie est belle !

Pour attaquer notre descente sur le garage, nous rajustons nos ceintures. En vue de notre proche atterrissage, un commerçant qui rentre son étalage de fruits jette des cartons vides et des cageots sur notre chemin. « Hé, les gars, vous ramassez ça ! – Nous, on n'est pas les éboueurs, on est les balayeurs ! » À la fin de sa déclaration, Raymond se campe avec dignité sur son balai, fier de sa réponse. « Vous êtes vraiment que des feignants, à la Ville… Z'êtes vraiment payés à rien foutre ! » Dans sa blouse blanche de pharmacien, le commerçant aboie mais n'impressionne pas. « Je ne suis pas un âne pour porter sur mon dos les conneries de ce mec ! » conclut Raymond.

Je le trouve superbe, digne. Avec ses oreilles clignotantes, mon Raymond ressemble à un phare par jour de tempête. Soudé à son balai, il n'abandonne pas son honneur. Pas question que des vagues agressives le déstabilisent. «Tu sais, quand on est balayeur, on est sûr de ne pas pouvoir descendre plus bas, mais ça n'est pas une raison pour qu'on nous crache dessus.» À ce moment-là, j'aurais aimé embrasser Raymond, mais je n'ai pas osé, car ça ne se fait pas dans le métier, j'ai simplement posé ma main quelques secondes sur son épaule et nous avons atterri au garage à l'heure prévue, c'est-à-dire peu avant midi.

Aux douze coups, mon associé m'a proposé de boire un petit apéritif. On s'est à nouveau attelé au bar le plus proche. On a laissé les brasseries chics de la place de Jaude aux gens chics. Nous, on a poussé la porte d'un boui-boui où les zozos se sentent chez eux. Tous ces gars de la petite vie en sont à l'anis et à la cibiche. Gitane-maïs dans le coin du bec, le patron renverse la bouteille pour remplir le doseur. Deux glaçons, de l'eau de la ville servie en pichet, et la récompense du travail bien fait occupe le verre. On sirote, on fait tourner les glaçons pour réveiller les plus petits sucs de cette boisson réparatrice. On « rhabille le gamin » une deuxième fois, puis une troisième pour être sûr que le fameux galopiau est toujours propre. Quand le gosse est nickel dans ses nouveaux vêtements, moi, je le suis un peu moins. Je laisse sur le chantier mon conducteur de travaux avec la promesse qu'il me retrouvera à 14 heures. Je chevauche mon VéloSolex jusqu'à la maison familiale.

À l'arrivée, faute de trouver la béquille, j'adosse ma monture contre la façade. Je passe à table. Je suis prêt à dévorer trois ours. Je parle peu. J'hésite à raconter ma matinée. Lorsque j'évoque mon premier coup de balai, je le fais la bouche pleine pour que les voyelles et les consonnes ne se bagarrent pas. Mes idées sont claires, mes projets simples, mais je sens un vent de révolte souffler sur mon alphabet. Je suis comme un jeune instituteur débutant chahuté par ses élèves. Après avoir pris le rosé, l'« arrange cousin » et l'anis, le bateau Petitrenaud prend l'eau. Je prétexte la fatigue matinale du travailleur manuel pour rejoindre quelques instants le tapis du salon. Ma mère croit en ce scénario douteux. Une mère a toujours la foi, dans ces moments-là. Elle n'est sûrement pas dupe, mais elle accepte ces écarts comme des fantaisies liées à la jeunesse. Elle ferme les yeux sur les débordements de la vie.

Heureusement, l'après-midi est court. 14 heures-16 heures sans goûter, sans apéro… ça repose ! Nous flânons plus que nous travaillons. Nous ressemblons à ces classes d'école primaire qui prolongent la récréation en fin d'année scolaire. L'enseignant à la mobylette bleue est moins regardant, lui aussi. On « poussotte » le balai. On économise l'eau. Malheur au quartier qui accueille les balayeurs l'après-midi, le caniveau soupire dans ses habits de la veille ; les feuilles mortes tournent en rond pour continuer leur conciliabule en toute quiétude.

Au pied d'une résidence moderne avec balcons et terrasses paysagées, Raymond stoppe le convoi. Il lève le doigt en direction du deuxième étage. Un canari en cage chante le carnaval qui approche. Ses trilles sont splendides. Le bel oiseau jaune va chercher au fond de sa gorge des sons d'une rare pureté. Raymond se transforme en momie. Son doigt pointe le ciel et le paradis. « C'est la chanson du balayeur », me chuchote-t-il à l'oreille. Nous sommes installés dans nos fauteuils d'orchestre. On écoute. On se régale. Le ténor pousse, pousse encore et encore sa mélodie. Il nous offre des notes d'or que Raymond range discrètement dans sa blague à tabac. Lorsqu'on reprend la route, l'oiseau s'éteint. « Tu vois, il chante rien que pour nous. C'est beau, non ? »

À la fin du boulot, Raymond rentre chez lui. Il habite rue de la Boucherie, dans le vieux Clermont, juste au-dessus d'une boutique exubérante où l'on vend la semoule et les épices. La fenêtre de sa cuisine est toujours entrouverte pour capter ces parfums de voyages. Sur ses volets sont accrochés des paniers, des sacs qui ballottent au vent. Sa vie est toute simple. Ses rêves sont « pépères ». Cet été, il passera ses congés chez lui avec escapade quotidienne au jardin en compagnie de madame. Les vacances au loin, c'est pour les autres. Lui, fume sa cigarette roulée. Le tabac et le chant du canari valsent en bouche dans une solitude qui ne dérange personne.

Louise

Outre ma mère, un fin cordon bleu qui n'a jamais appris la cuisine dans les livres, ma grand-mère Louise a su créer autour d'elle un climat qui a déclenché mes premières fringales.

Ma grand-mère n'est jamais allée à l'école, ou si peu. Née à la fin du XIXe siècle, elle n'a connu pour tout horizon que les douces collines qui entourent le village de Couleuvre, dans l'Allier. Tout « minot », j'allais dans sa première maison située à la sortie de la commune. Deux pièces pour vivre, dans ce petit paradis.

Elle n'a pas de métier, mais elle sait tout faire : couture, repassage, ménage. Elle blanchit « les lessives des bourgeois », comme elle dit. Elle pousse sa brouette avec la lessiveuse brûlante installée dessus. Elle part à la rivière pour rincer le linge et l'essorer au battoir. Elle n'aime pas les conversations de ses voisines de travail, car elles taillent de beaux et grands costumes à chaque habitant du bourg ; « elles jarjottent trop », souligne-t-elle.

Le temps déroule son petit bonhomme de chemin entre tous ses petits boulots. Un jour lavandière, un autre boniche ; Mémé Louise zappe d'un job à l'autre sans états d'âme. L'égoïsme est un mot qu'elle n'a jamais su écrire (comme bien d'autres). Elle vit tournée vers les autres, sans le savoir.

J'ai très peu de souvenirs de sa première maison, sauf peut-être quelques causeries, les soirs d'été, sur le pas de sa porte. La mère Janette est sa voisine. Là encore, les images accrochées autour de mon cœur sont couleur sépia. Je la vois toute noire, toujours pressée, édentée comme un nourrisson sortant de la maternité. J'allais souvent la voir car chez elle chaque meuble, chaque chaise était à dimension d'enfant.

Sur son petit fourneau il y avait toujours deux ou trois casseroles, des pots, des cocottes. Tous ces récipients étaient éternellement remplis de victuailles indescriptibles. Le riche vocabulaire du gastronome Escoffier n'aurait pu cerner ces recettes très personnelles. Les parfums qui en sortaient étaient eux, formidables de sincérité. J'ai l'impression que son fricot permanent était un vieil ami. Pas de cuisson rapide, pas de chant du beurre qui se brûle les orteils dans la poêle. Non, non… La mère Janette était pour le murmure des plats. Les couvercles entrebâillés sur les casseroles balbutient leurs impressions comme des prières à l'église. Dans un reste de lapin, les pommes de terre réchauffées pendant des jours ont pour robe des champs le tanin du vin rouge issu du tonneau. Mon Dieu, que ce cinéma permanent avait de l'allure ! Sur le coin de sa table, il y avait toujours une assiette creuse, une assiette à calotte essuyée à la mie de pain après chaque repas. Pas de vaisselle, c'était du temps perdu. Chaque bouchée offerte prenait des allures de repas chez Lasserre. Une bouchée par ci, une bouchée par là, et l'appétit venait en mangeant.

À la saison des poires, cette bonne mère récupérait les plus mûres, les plus belles, pour les cuire au vin rouge et au sucre. Le pot était en tôle émaillée avec, par ci, par là, des éclats noirs qui montraient que la monture avait pris quelques chocs dans le vaisselier. Elle ôtait le couvercle et en sortait un fruit gorgé de lumière. Elle me donnait la becquée avec patience et, ces en-cas successifs terminés, elle me disait : « Retourne chez ta grand-mère pour te faire essuyer le tournant de la gueule. »

Un jour de la Saint-Martin, ma grand-mère a déménagé pour habiter une maison plus grande. Toujours deux pièces : l'une pour dormir, l'autre pour vivre. Là, mes souvenirs sont intacts et les couleurs liées aux images toujours aussi chatoyantes qu'au premier jour. Trois marches séparent la cuisine de la cour, ses poules et ses lapins. Un grand jardin se nourrit de la fraîcheur d'une mare verte comme le dos de la grenouille. Pêle-mêle les dahlias, les reines-marguerites, les plants montés en graine des asperges bordent l'allée. Un jeune cerisier « Napoléon » pérore comme un coq à l'entrée de ce garde-manger en plein air. Un vieux poirier dévoré par l'arthrose brode sa mélancolie, les pieds dans l'eau de la mare.

Chaque enfant de la ville a son jardin privé à l'intérieur de celui qui est réservé aux grands. Celui de mon frère Alain est le mieux entretenu (c'est toujours d'actualité, aujourd'hui encore). Le mien a les pattes en l'air. Je n'arrive pas à planter droit et j'ai l'impression que le même oignon de tulipe pousse mieux dans le jardin d'Alain que dans le mien. C'est peut-être là que l'histoire de la « main verte » a débuté.

Notre grand-mère aime nous voir biner, piocher, griffer la terre sablonneuse. Vers 16 heures, elle passe près de nous en nous frôlant sans s'arrêter, comme le peigne dans une chevelure bien ordonnée. Ma grand-mère marche en biais. Sa tête est dans la bonne direction, mais j'ai l'impression que son corps a toujours été récalcitrant à ses destinées. Elle accélère tout en freinant.

Vers 16 heures, donc, elle descend à l'aventure de la soupe du soir. Au hasard elle cueille deux tomates, une poignée de persil, un bout de chou. Tous les légumes se retrouvent associés dans son tablier « de devant », qu'elle ne quitte que pour dormir (et je n'en suis pas sûr, car je n'ai jamais vu ma grand-mère dormir). Elle en rapproche les pans et le transforme ainsi en cabas. Elle fait la même chose pour rentrer le bois dans la maison et ramasser l'herbe du bord de la route pour ses lapins.

Cette fameuse soupe du soir par quoi débute sa romance à 16 heures a toujours agacé ma mère. En plein été, 16 heures, c'est l'heure des petits baisers, de la promenade, des jeux, mais pas de la soupe qui annonce avec un rien d'angoisse l'arrivée de la nuit. Louise nargue la pendule, et n'est pas né celui qui brouillera ses habitudes !

16 heures, c'est aussi l'heure de la pêche aux vairons. L'oncle Marcel (frère de mon père) en est l'éminent spécialiste. Pendant sa sieste, lorsque le soleil se couche largement sur le toit du hangar à bois, nous cherchons les vers de terre cachés sous les planches qui recouvrent le sol de cet abri. On les déloge sans ménagements et on les confisque dans une boîte métallique. Cette boîte se transforme en guillotine pour sectionner les vers en deux ou trois, avant d'accrocher avec précision ce petit tronçon agité au bout de l'hameçon. Chaque canne à pêche est une branche de noisetier droite comme un I. On part à pied à travers les prés jusqu'au ruisseau. Il faut éviter les troupeaux de vaches, car le taureau responsable du harem peut se montrer agressif.

La rivière est aussi claire et naïve que notre regard. Les pesticides et autres saloperies ne sont pas encore venus lui filer la cataracte. On pêche quatre poissons à la minute, on fait « carton plein » à chaque sortie. Nous sommes des héros applaudis à chaque retour. Sur la table de la cuisine, ma grand-mère ouvre le ventre du petit poisson d'un coup de ciseau. Vidée, lavée, farinée, la petite virgule argentée se retrouve poêlée illico. Dégusté à main nue, sans filet, le vairon croustille sous la dent… un régal improvisé comme ça, une fesse à peine posée sur la chaise !

Avec l'expérience, je ne suis pas sûr que ma grand-mère ait été fine cuisinière. Je retiens d'elle cette idée du plaisir tout simple à faire plaisir. Même ratée, on aimait sa cuisine. Tel est l'art de la cuisine familiale : on accepte sans discuter toutes ses facéties et ses humeurs. En revanche, on devient intolérant et exigeant lorsque l'on s'attable au restaurant.

Ma grand-mère mange peu de viande, car c'est trop cher. En revanche, elle en achète chaque jour dès que nous sommes là. C'est bifteck-pommes sautées à chaque déjeuner. En accompagnement, elle réalise un coulis de tomates de son jardin fabuleux de saveur. À la louche elle sert ce concentré impeccable sur les pommes de terre croustillantes et moelleuses à la fois. J'en ai encore l'eau à la bouche.

Mes caprices de gamin roublard sont des ordres pour elle. Ainsi je mange dans un plat de service et non dans une assiette. Un jour, j'ai découvert, au fond de son placard, une écuelle métallique qui avait dû connaître toutes les guerres. Sur le champ de bataille, j'ai décidé que ce serait *mon* assiette. Sitôt souhaité, sitôt accepté par cette douce madone. Lorsqu'elle dresse la table vers 11 heures 30 (il ne faut jamais être en retard), elle n'oublie jamais mon plat qui a le cul cabossé et tourne comme une toupie dès que je pousse, du bout de la fourchette, ma dernière pomme de terre. Louise rigole, Louise nous aime.

Au dessert, elle propose un saladier de sa composition. C'est très original, à demi-raté, à demi-réussi. Même avec application, je n'ai jamais pu le refaire. Ce trophée tient de la crème aux fruits et du clafoutis. C'est le résultat de sa cueillette. Pommes de juillet ou prunes des haies le composent. C'est pâteux à souhait, ça colle à la cuillère de service. C'est un dessert récalcitrant et épatant à la fois. On le mange sur le dos de l'assiette comme faisaient autrefois les ouvriers agricoles. On nettoie son assiette pour éliminer les petites traces du plat du jour, et hop, on la retourne pour manger le dessert !

Couleuvre est à cent cinquante kilomètres de Clermont-Ferrand où nous habitons. Un dimanche par mois nous rendons visite à Louise. Aller-retour dans la journée sans escale. Clermont-Ferrand-Moulins par la Nationale 9 bordée de platanes comme sur les cartes postales. La Dauphine de mon père ronfle comme une abeille. Émile et Marcelle à l'avant et les trois minots à l'arrière. Après Moulins, ça commence à sentir le pâté aux pommes de terre, autre spécialité de ma grand-mère. Moulins-Couleuvre, via Bourbon-l'Archambault et Saint-Plaisir, dernier village avant Rosières, le hameau où demeure Louise. Mon oncle Marcel, qui vit avec sa mère, attend en haut des trois marches. Casquette du dimanche sur la tête, en salopette bleue impeccable, il est posté là à patienter depuis une bonne heure. Ma grand-mère est assise près du fourneau. Elle ne fait rien, car tout est prêt depuis l'aube. L'un et l'autre attendent, silencieux, concentrés, pour deviner au loin le murmure du moteur de la Dauphine. Parfois Louise s'emporte : «Tiens, les voilà ! », et mon oncle de gronder : «Mais non, c'est le moteur d'une Panhard... Tu n'y connais rien.»

Dès que la voiture, enfin reconnue, aborde la dernière ligne droite, mon oncle se précipite pour ouvrir le portail. Il le fait au dernier moment, avec vivacité, pour que les poules ne prennent pas la poudre d'escampette sur la départementale, car une poule écrasée c'est un cran de plus à la ceinture. Marcel a les larmes aux yeux, les mêmes qu'il aura lorsqu'il verra, à la nuit tombante, la voiture s'éloigner.

Ma grand-mère est sur le pas de la porte. Elle tient toujours son mouchoir sur le coin de la bouche comme pour sécher ou retenir ses sentiments. « Vous n'avez pas roulé trop vite, au moins ? » est sa première remarque. Elle nous embrasse en faisant bégayer sa bouche sur notre joue. Louise n'embrasse pas, elle lape ses bisous comme un chat gourmand. On s'échappe de ses étreintes pour partir à la chasse au pâté de pommes de terre.

Louise est une farceuse, Louise aime jouer. Avant notre arrivée, elle dissimule le fameux pâté, et notre quête se transforme en jeu de piste. « Grand-mère, tu n'as pas fait de pâté de pommes de terre, on ne sent rien ? », et la réponse est toujours la même : « Mes enfants, je n'ai pas eu le temps, et puis je suis vieille et fatiguée… » Le subterfuge est toujours d'actualité, été comme hiver. Elle joue la comédie près du fourneau, recroquevillée, comme harassée. Et nous, nous retournons sa maison sens dessus dessous. Ma mère nous demande de calmer le jeu. Louise est au paradis et ne nous donne aucun indice pour retrouver enfin la trace du trésor. Son originalité la pousse à compliquer la cachette visite après visite. Le plus inattendu étant de glisser la plaque contenant le pâté dans une pile de draps, dans son armoire, et, plus régulièrement, de le dissimuler sous le gros édredon rouge de notre lit. Durant des années, notre grand-mère a conclu son sketch par la même phrase : « Je me demande bien qui a pu cuisiner ce pâté… En tout cas, ce n'est pas moi ! » Elle n'a jamais avoué…

Après le jeu, on passe aux choses sérieuses car mon oncle a faim. Il a toujours faim avant d'avoir à nouveau faim pour le déjeuner. Ma grand-mère proteste : « Ils n'auront plus faim pour le rôti. » Ma mère approuve, alors qu'elle enfourne le quasi de veau. Mon oncle n'écoute plus sa mère depuis longtemps et l'on entre discrètement dans les plaisirs et méandres de l'interdit lié au casse-croûte du milieu de matinée. Le saucisson cuit à l'ail est systématiquement au programme. On s'assied sur les trois marches et on attend notre rondelle, toujours tranchée large, car il ne faut pas que l'on manque. Mon oncle coupe le pain calé contre son cœur. Son couteau trace la blessure sans hésitation. C'est du propre, du vrai casse-croûte. On sent l'habitude, l'application de l'homme qui pratique chaque jour. C'est improvisé et organisé à la fois. C'est du sans-bavure, de la belle ouvrage. On distribue les miettes et les pelures du saucisson aux poules qui surveillent de près notre manège.

Mon oncle offre un verre de vin rouge à mon père. Le dimanche, ma grand-mère sort du placard une série de verres légers, de couleur rose. Ces douze trophées ont été gagnés chez l'épicier en collectionnant les bons des pâtes Milliat frères. Dix bons, un verre... Cent vingt bons, le service ! Cent vingt boîtes de macaronis avalés en gratin, au beurre, au persil, à la tomate, pour accéder à ce plaisir du canon élégant lié au dimanche. Cela tient de l'acharnement !

Ma grand-mère ne passe jamais à table avec nous. Elle surveille les faits et gestes, debout, à quelques pas du cérémonial. Ma mère, agacée, l'incite à nous rejoindre. Rien n'y fait. Son habitude est là. On ne déroge pas à la règle de la servante qu'elle a été : on sert les autres, mais on ne partage pas leur intimité. Avant notre arrivée, elle est allée à la ferme des Friaud, nos voisins. Elle a rapporté du beurre, du vrai, celui qui « pleure » la goutte d'eau lorsque le couteau le caresse. Ce beurre est un poème tout simple, une petite aventure quotidienne présentée entre deux larges feuilles cueillies sur un arbre qui borde la route. On l'appelle l'arbre à beurre. Preuve que l'arbre peut parfois tomber amoureux de la charolaise du Bourdonnais. Cette feuille joliment nervurée épouse pile-poil la forme du moule en bois. Ma grand-mère conserve son beurre dans un seau d'eau glacée jusqu'au premier service. Là, elle le sort, ôte délicatement les feuilles et cette offrande délicieusement ouvragée ressemble à un miracle. Un bon pain croustillant, légèrement surcuit, une lichette de beurre, une sardine en boîte, et les mots d'amour réveillent les papilles. J'effleure du bout des lèvres les fromages de chèvre présentés sur un plat en porcelaine aussi blanc que leur robe. Je vous chuchote à l'oreille le fromage frais de vache dans le saladier bleu et le pichet de crème qui l'emmaillote avec sensualité.

Après le déjeuner, les femmes font la vaisselle en évitant de faire trop de bruit. Le choc des assiettes qui rejoignent leur étagère pourrait gêner la sieste des hommes. Ici on dit que les hommes font « première » pour définir ce prélude à la nuit. En plus, par économie, ils raccourcissent encore cette expression pour dire qu'ils « font prenière ». C'est plus simple et plus rapide à prononcer.

Ce moment de la journée est onctueux comme un coulis de framboises. Les jeux des enfants qui refusent le sommeil édicté par les grands sont empreints d'éternité. La voiture miniature poussée par la main ne se risque pas à l'excès de vitesse. Le moteur ronronne en sous-régime dans la bouche du gosse. Le 203 Peugeot grise de mon frère ne double pas ma Chambord jaune et noire, mais la suit à distance. On se gare, on papote, les fesses posées sur un bout de bois.

Les insectes en plein boulot, eux, ne se gênent pas pour rayer le silence de ce début d'après-midi. Ça va, ça vient sans aucune pudeur. Ils frôlent avec méthode nos oreilles apeurées. L'abeille est travailleuse, on le sait, mais de là à ne pas respecter la pause dominicale… Je les trouve parfois un peu culottées, les fabricantes de miel !

Entre la fin de la sieste et le programme de l'après-midi, on replonge les hommes dans un sas de décompression. Ils sont assis sur le pas de la porte, les yeux rougis par ce sommeil épais. Ils reprennent leurs esprits en jouant avec des mots inutiles. Ils ont l'allure de ces joueurs de rugby sur le banc de touche, sortis du match après blessure. Ils sont groggy sans être KO. Ils sont simplement touchés par cette générosité légendaire du repas du dimanche. Encore une cigarette, un bâillement, et la balade du potager peut débuter. «Tu as vu mes épinards, comme ils sont beaux ?» déclare mon oncle. «Eh ben, dis donc, tu vas en avoir, des patates !» souligne mon père. «Je pourrai vous en donner, cette année», ajoute mon oncle. «Si vous veniez plus souvent, j'aurais des tas de légumes à vous offrir !»

Elle ne le sait pas, mais la pomme de terre ou la carotte en pleine croissance peut alimenter le reproche, la petite remarque annonçant que le jardinier esseulé possède un cœur trop petit pour conserver jusqu'à l'hiver ses légumes enamourés. « Tu sais, avec le boulot, on fait pas ce qu'on veut», rappelle mon père qui ne tient pas à se faire damer le pion à quatre heures de l'après-midi.

Il fait beau, en ce dimanche de septembre, et, jour du Seigneur ou pas, le paysan travaille en partenariat avec le soleil. Ma grand-mère décide donc d'aller faire quelques fagots dans la forêt de Tronçais. Elle accroche la remorque à son vélo et nous invite, mon frère et moi, à monter dans son carrosse. Quelle majesté, une grand-mère qui pédale en danseuse ! Le départ est laborieux, chaotique, puis l'aisance arrive et nous emporte. Dans sa robe noire, elle relance sa machine avec courage. Un faux plat, et la voilà qui se cabre sur sa monture. Pas un mot, surtout pas un gros mot, de la délicatesse, de l'application, un point c'est tout. Elle semble légère comme l'hirondelle lorsqu'elle amorce la descente sur la forêt. Elle freine avec ses pieds sur la chaussée pour entrer aux commandes de son véhicule dans la fraîcheur de la célèbre futaie. Elle hésite, met pied à terre pour apprécier son champ d'action, puis repart pour prendre d'assaut un bout de clairière ombragée. C'est là et bien là qu'elle va travailler comme la fourmi courageuse. Avant de réunir ses branchages secs, elle organise notre vie auprès d'elle. Elle coupe une brassée de fougères qu'elle dispose comme un tapis sur le sol. C'est pour nous, rien que pour nous, ce petit îlot privilégié. On se jette dessus pieds nus comme sur un bon lit moelleux. Ce territoire improvisé nous semble imprenable. Nous sommes prêts à commencer le goûter, ce goûter emporté, ce goûter désiré qui se mérite après tant d'efforts. Ma grand-mère nous installe côte à côte et ouvre deux petits pots en aluminium, les pots réservés aux ouvriers, qui contiennent des fraises au sucre et au vin rouge (lichette qu'elle a versée quand ma mère avait le dos tourné). Est-il utile d'ajouter que je n'ai jamais retrouvé, depuis, un goûter aussi puissant, aussi débordant de goût, de fantaisie, d'humanité que celui-là ? (J'ai appris plus tard que la nostalgie était le premier ingrédient à entrer en cuisine !) Au fil du temps, la fraîcheur du soir se met à grignoter les flaques dorées du soleil couchant. La remorque frise l'asphyxie sous les fagots entassés. Comme la cerise sur le gâteau, Louise nous dépose au sommet de l'attelage et l'on repart en roue libre jusqu'à la maison.

On dîne tôt avec quatre fois rien, des petits restes du déjeuner, une entame de rôti agrémentée d'une mayonnaise, une cuisse de volaille à ronger, un bout de fromage, un bocal de prunes en conserve. En capitaine consciencieux, mon père vérifie les bougies de la Dauphine. Dans la cour qui s'endort, la voiture ronronne sur place. On embarque. Ma grand-mère et mon oncle jouent les garçons de piste pour le décollage. « Roulez pas trop vite », rappelle ma douce Louise qui retient son chagrin dans son mouchoir qui sent l'eau de Cologne. Jusqu'au virage nos bras s'agitent aux portières comme les mouettes voltigent autour du bateau qui rentre au port. À chaque retour j'imagine ce sale silence envelopper cette cuisine abandonnée, ce silence qui broie à mains nues nos rires et nos gribouillages. Je devine mon oncle bourrer la gueule du poêle pour relancer la vie juste avant d'aller dormir car demain lundi, le boulot débarque à l'aube.

La Rate

Il y a le congelé et le surgelé, le sous-vide et le précuisiné, le cuisiné tout court. Il y a, il y a…

Ce moderne nous épate, nous hypnotise. Sous le vent de la révolution alimentaire, la cuisine compte ses plumes. Ce pays adore les oppositions et les contradictions. Plus on veut aller vite pour se nourrir, plus on veut mitonner. On veut manger debout en cinq secondes et en même temps on veut s'installer à table pour égrener patiemment les petits plaisirs de la gourmandise.

La fameuse restauration rapide clignote au bord des routes et avenues : « Venez vite vous débarrasser de cette contrainte de passer à table… vous avez mieux à faire ailleurs ! » Mon Dieu !

De l'autre côté de la route, la Louise du Pont de la Ganne (entre Pontgibaud et Pontaumur, en Auvergne) a régalé tous les étudiants de Clermont-Ferrand sans lever le nez de son fourneau à bois. Cette petite bonne femme haute comme un basset artésien dressé sur ses pattes arrière habitait une maison de poupée située en face de son auberge. À 5 heures du matin, elle allumait la poêle et la salle à manger pour les premiers casse-croûte des pêcheurs, des livreurs et des chasseurs. Au premier coup de klaxon d'un habitué, elle traversait la départementale pour se mettre aux poêlons. Toute de noir vêtue, elle trottinait comme un rat des champs repéré par une buse. Son surnom découlait de cet empressement : on la baptisait « la Rate ». Avant de s'aventurer sur la chaussée, elle ne regardait jamais si la voie était libre. Elle estimait être chez elle, et la départementale était comme son jardin potager. Les élus locaux avaient réfléchi, à une époque, à lui tracer un passage clouté personnel et, pourquoi pas, à établir des panneaux signalétiques indiquant un risque de « traversée de rate ».

La Rate appartenait au patrimoine local. Chez elle, on mangeait invariablement le jambon et le saucisson, puis l'omelette et, enfin, le fromage du coin, mais elle souhaitait, malgré ce programme établi depuis des lustres, prendre la commande à chaque arrivée. Sa phrase était elle aussi invariable : « Qu'est-ce qu'on y met ? »

Alors « on y mettait » du jambon, du saucisson, etc., etc. Son succès tenait à sa pratique culinaire unique. On venait de loin, de très loin pour commander son omelette. Le silence s'installait dans la salle à manger. Pas un convive ne chuchotait. La scène se passait dans la cuisine, à l'abri des regards maudits. La Rate houspillait son feu, y posait sa poêle, la remuait pour qu'elle chauffe bien, et là, elle prenait son élan et crachait dans la poêle brûlante pour en vérifier la chaleur. La salle à manger croulait sous les rires et les expressions liées au dégoût, et chacun partageait l'omelette du Pont de la Ganne.

Notre Rate est morte à plus de quatre-vingt-dix ans. À son enterrement, les jeunes médecins, avocats, vétérinaires de la région occupaient les premiers rangs d'une église pleine à craquer. Chacun a béni le cercueil et a craché dans l'allée du cimetière. Le succès peut parfois passer outre à la formation des écoles hôtelières.

Joseph, l'apôtre de la rigolade

Autre maison originale, autre région, autre bord de route. Nous sommes en Corse, à Feliceto. Je me rends chez un moulinier. Joseph presse les olives des particuliers qui souhaitent faire leur propre huile. Le moulin date d'avant Jésus-Christ, le décor aussi. Joseph est un apôtre, un apôtre de la rigolade. Il est lui-même hors d'âge. Lorsque le moulin ne tourne pas, Joseph fait l'aubergiste et le spectacle qui va avec sa fonction.

Je le rencontre au cœur d'un après-midi d'été. Il fait chaud, très chaud. Il est assis seul au pied de son bar. Il somnole. Il porte chapeau de paille et chaussures blanches. Nous bavardons en ponctuant nos phrases par quelques verres de sangria maison. Tous deux dans une douce ébriété, nous imputons notre légère somnolence à la météo. Au loin, on entend des chiens qui aboient et se rapprochent du moulin de mon nouvel ami. Sans interrompre la conversation, Joseph se lève, prend son fusil et se campe sur le pas de la porte. Là, sous les hurlements des chiens, un sanglier déboule. Deux coups de feu, la bête est morte, les chiens se calment en tournant autour du futur civet. Joseph décroche son téléphone et prévient le boucher à la retraite qu'il peut venir quérir la bête.

Ce fut ma première partie de chasse à domicile. De fil en aiguille, de sangria en sangria, je me suis retrouvé invité à dîner. Dès 19 heures, les premières voitures se garaient le long de la route, prélude à un embouteillage quotidien. Je venais de comprendre que j'allais manger dans un lieu réputé tant pour sa table que pour son ambiance.

Joseph est l'homme-orchestre de la région. Pendant que les premiers clients piétinent dans le moulin en attendant l'ouverture des portes de l'auberge, il se déguise en Zorro. Il porte le masque, le chapeau et la cape. Il annonce son arrivée dans la salle à manger par quelques coups de fouet bien claqués. Le public a peur, le public joue le jeu, le public vient là pour ça. De Zorro il passe à l'imitation de Krasucki, puis, entre le jambon et le civet de sanglier, il danse la lambada debout sur les tables. Il invite les plus jolies filles à partager ses pas. Les maris applaudissent et en redemandent. Joseph fait tout. Il règle l'intensité de sa sono souvent grésillante. Il chante, hurle, interpelle. C'est un solo épatant, unique.

Il tranche le jambon et l'expédie à la volée, d'un geste calculé, dans l'assiette du client assis à l'autre bout de la table. Ceux qui ratent cette soucoupe volante sont punis et doivent laver douze verres. Ceux qui y échappent et brisent les assiettes sont invités à recueillir les débris de porcelaine et à les jeter par la fenêtre, sur la route. Lorsque Joseph trouve que l'on ne casse pas assez d'assiettes, il s'en charge lui-même. Au pied des fenêtres, des kilos et des kilos d'assiettes ébréchées s'accumulent. Joseph a improvisé deux panneaux de signalisation qu'il a plantés sur le bord de la route : « Attention, chutes d'assiettes ».

Au fil de la soirée, Joseph houspille une brigade de cuisiniers qui n'existe pas. Il fait tout lui-même : la cuisine, le service, la vaisselle et le spectacle. En fin de soirée, déguisé en vahiné, il tire deux ou trois coups de fusil par la fenêtre, histoire de clôturer le banquet par un feu à sa façon.

Demandez donc à Jacques Higelin et Jacques Dutronc, habitués de la maison, s'ils connaissent plus jolie salle de spectacle.

Chaméane

La maison de famille de Chaméane attendait sagement le début de l'été pour regonfler ses poumons. Après hibernation, elle s'ébrouait comme une bonne grosse poule qui vient de pondre un œuf. Pendant deux mois, les couvées se succédaient pour l'animer. Je me souviens des moindres parfums de ses placards confinés, de sa souillarde sans fenêtre. Située à l'entrée du village, elle prenait de haut les vallons et les forêts de sapins qui avaient inspiré les facéties de Gaspard des Montagnes. Elle avait ce petit côté prétentieux du vigile qui voit tout, sait tout et elle avait aussi cette sagesse des aïeules qui acceptent que les gosses entremêlés détricotent le fil de leur vie.

L'eau courante n'était pas encore arrivée et la fontaine était à l'autre bout du pré. Seaux à la main, les allers-retours étaient comptés, prévus, organisés avec la précision d'un plan de vol pour Airbus. À l'aide d'un broc, on remplissait le réservoir de la fontaine familiale et, à la queue leu leu, on se lavait les mains dans l'eau savonneuse du précédent. Une maison de famille accepte tout des enfants : on se secoue les mains sur le carrelage avant le torchon, elle ne dit rien; on entre en chaussures sur le plancher serpillé de frais, elle ne boude pas; elle tolère les miettes de pain sur le sol, les guêpes écrasées sur les vitres, les coussins de velours en bagarre sur le large banc... Elle ne moufte pas, trop fière d'avoir ses petits chez elle.

Chaméane c'était le père avec ses enfants, avec ses cousins, avec ses voisins. La mère avec ses sœurs Simone et Paulette. Le chat avec sa souris, le chien avec son os de gigot sous le hamac. On était ensemble, pour le meilleur et rien que pour le meilleur. Ces images de rien du tout me collent à la peau comme ma chemise sur le dos après l'orage. Cette maison était pour nous un théâtre estival. Loin d'Avignon, on se distribuait les rôles. Pas de rôle titre, pas de figurants. Chacun mettait la main à la pâte. Je me souviens de mes tantes et de ma mère en cuisine, dos tourné au public, épluchant, rissolant, mitonnant. Je ne me souviens pas de conversations entre elles pour dessiner les contours d'un repas. Tout semblait prévu à l'avance, sans concertation. Autour de la table de la cuisine, les mains jouaient leur rôle simplement, comme ça, sans répétition. Ce que je sais, c'est que l'ambiance ressemblait plus à une garnison en état d'alerte qu'à une brigade de palace. Il y avait toujours de grosses salades, comme un festival de couleurs. Salades au goût appuyé avec vinaigre, moutarde, huile, échalote et herbes sauvages, des méli-mélo qui ne supportent pas les livres de cuisine. Les trois sœurs en étaient fières. Il y avait toujours sur la porte du four des rôtis longs comme des trains, ficelés avec méthode par le boucher du Vernet-la-Varenne.

Cet immense chambardement était interrompu une fois par semaine par le klaxon de la 403 du boulanger qui s'arrêtait, toute sirène hurlante, devant l'école et son monument aux morts. Les voisins se précipitaient avec cette frénésie que l'on retrouve aujourd'hui devant la caisse d'un supermarché qui vient d'ouvrir, un peu comme si le premier pain extrait du break Peugeot était meilleur que le second. La grande spécialiste du pain était Simone, ma tante célibataire. Elle savait jouer de la paupière et de jolis mots pour obtenir « le pain » choisi par le boulanger, comme on obtient sous le charme le fameux « morceau » du boucher. Béret vissé sur la tête, le boulanger n'était pas insensible à ce petit ballet sans lendemain.

Cette opération de séduction partagée pouvait aller jusqu'à l'obtention d'une *pompe* aux pommes cuite au feu de bois. Ce trésor composé d'une abaisse de pâte, de pommes en morceaux et d'un chapeau qui retient le tout est au-delà du miracle de Lourdes. Cette *pompe* immense était dissimulée sous le châssis de la voiture. Le boulanger la sortait en la tirant comme une rallonge de table. Devant nous ce trophée de l'artisanat sans histoire nous faisait inventer les plus jolis compliments. Le couteau du boulanger indiquait une limite consentie grâce à sa générosité. Il fallait alors parler vite pour obtenir de ce géomètre une parcelle plus large. Il avançait son arme par petites touches. On négociait, négociait encore jusqu'au moment où la raison finissait par trancher. J'étais souvent choisi par Simone pour rapporter jusqu'à la maison ce dessert formidable. J'avais l'impression de déposer le bouclier de Brennus sur l'autel familial.

Nos cousins Lacombe vivaient dans une ferme à l'autre bout du village, en allant sur Sauxillanges. Henri était le patriarche respecté de ce domaine. Grand bonhomme aux bras ballants, il adorait faire conversation avec le premier venu. Au volant de son tracteur vert, il faisait beaucoup de haltes. Comme l'abeille butine de fleur en fleur, Henri passait de bar en bar. Ses fins d'après-midi étaient animées comme la scène d'un opéra. Il riait fort, tapait les fesses des filles avec sa casquette et basculait son verre de rouge sans prière. Je le revois arrêtant son char rempli de foin devant Chez la Bravard, une voisine aubergiste. Il entrait dans ce caboulot à grandes enjambées pour cueillir la fraîcheur de l'endroit. Chez elle, l'après-midi, se disputaient les parfums du chou farci du déjeuner, du tabac gris, de la lavette sur la toile cirée et du pinard tiré du tonneau. Les bouteilles défilaient sur la longue table, chacune avec ce petit collier de perles rosées qui chiquettent dans le goulot comme le flash des paparazzis. Pas de vedette, pourtant, autour de cette table de café, seulement des bons hommes droits dans leurs sentiments, qui trinquent sans se regarder, qui boivent sans soif.

À 17 heures, on passait tous à table chez Henri. Nul besoin de retenir sa place. La table était longue et ouverte comme une chapelle. Henri s'installait au bout. Sa vieille mère était dans un fauteuil près de la fenêtre, le regard posé au loin comme s'il ne voulait jamais revenir. On lui parlait rarement, un peu comme si elle était là sans y être. Moi, je ressentais qu'elle nous avait quittés mais que personne autour de la table ne voulait se l'avouer. Je ne l'ai jamais vue manger ni boire, elle devait vivre sur des réserves intarissables. Je n'ai jamais su si elle dormait non plus. De l'aube au crépuscule, elle était plantée là comme un clou de Paris dans une poutre.

Anna, l'épouse d'Henri, déposait un plat sur la table, un plat large, ébréché, qui en avait vu des vertes et des pas mûres, des cuites et des recuites. On mangeait ce que l'on avait vu vivre la veille dans la basse-cour, le clapier ou l'écurie : lapin sauté en sauce obscure, poule au riz, cochon en civet. Là encore, des plats qui se mettent à dos toute la cuisine bourgeoise. L'instinct guide la spatule, un point c'est tout.

Avec la pointe du couteau, Henri signait le pain, chacun pouvait se servir. C'est facile de manger sans faim quand on est gosse, il suffit simplement d'être ensemble.

Les femmes restaient debout pour contrôler la table. Sous leur regard exercé, un verre ne restait jamais vide, une cuisse de poule au pot, jamais sans sa sauce onctueuse. Henri faisait claquer son couteau de poche juste après le dernier bout de fromage. C'était le signe avant-coureur de sa sieste. Du revers de la main, il repoussait son assiette et déposait à la même place son bras replié en forme d'oreiller. Il laissait aller sa tête dans le pli du coude et débutait sa petite balade réparatrice. Nous, on terminait notre pain avec un peu de confiture de rhubarbe. Pas de conversation durant cette parenthèse où le temps bégaye. Seul le bruit des assiettes qui rejoignent l'évier accompagne Henri dans son œuvre quotidienne. Après avoir cabéqué quelques minutes (belle expression pour signifier que l'on dort sans dormir), Henri bondissait comme la buse sur le mulot, et du bras repoussait en une ligne régulière les miettes de pain sur la table en déclarant invariablement : « J'aimerais bien voir ces moissons terminées ! » Silence, rideau, chacun retrouvait son poste.

Points de suspension sur les fils électriques des routes, les hirondelles annonçaient que l'on ne pourrait retenir l'été éternellement. Elles nous demandaient de bien vouloir terminer les confitures. On le savait, car les groseilles pliaient sous leurs taches de couleur.

La cueillette des groseilles est plus gratifiante que celle des mûres : le panier se remplit vite et les doigts du petit cueilleur souffrent moins. La cuisson des confitures se fait à petits pas. La surface du chaudron doit murmurer et non bavarder. L'écume colorée doit être douce. Elle semble sage comme une image. On la cueille à l'écumoire pour la déposer dans un bol. Le maître confiturier est un homme patient. Le petit refrain du fruit qui se transforme guide ses gestes au-dessus du fourneau. La suavité se sent dès avant l'entrée du produit liquoreux dans le pot de verre et la maison ouvre ses bras pour retenir longtemps ces arômes de fruits capturés.

À la fin du cérémonial, après l'élaboration de la gelée de groseilles, la cuisine ressemble à un lieu de sacrifice. Les torchons qui ont servi à presser les fruits sont rouge sang. Les trois sœurs, Paulette, Simone et Marcelle, alignent les pots au-dessus du placard. Il y a de la méthode, à ce moment-là : c'est la revue des troupes avant la descente des Champs-Élysées. C'est de la beauté simple, un alignement de pots. Lorsque le dernier est placé à la perfection, on prend du recul. L'heure est à la contemplation, à l'extase. « On n'aurait pas cru qu'il y en avait autant », dira l'une. On est heureux, on en a le cœur chaud. Après avoir été cigale tout l'été, en quelques jours on est redevenu fourmi. En une cuisson et quelques pots, on sait que la pluie peut arriver et que le gel peut essayer de bloquer nos sentiments. On est paré à toute éventualité, à toute tentative de déstabilisation.

Lorsqu'elle était en activité, notre maison de campagne ne restait jamais seule. L'un d'entre nous campait près d'elle comme on s'installe près d'un voisin à qui l'on rend visite. Dans ces moments-là, on n'avait pas de grandes conversations avec elle. Le temps s'épaississait et laissait la place à la chanson des abeilles qui entraient par inadvertance pour inspecter les lieux. Au cœur de l'après-midi, une maison de famille soupire. Ses volets sont souvent fermés sans l'être tout à fait. On retient la fraîcheur de son ventre ; la fournaise de l'été peut passer son chemin, il n'obtiendra rien d'elle. Celui qui l'occupe devient guetteur. Il surprend son moindre bruissement. Ce veilleur l'adopte, la caresse sans bouger un doigt. La maison rumine le temps sans le déranger. J'adore l'après-midi lorsqu'elle devient la mémoire discrète du déjeuner passé. Les parfums d'un plat mijoté ne sont pas reconduits à la frontière aussi facilement que cela, après la pause café. Ils s'accrochent au territoire. La fameuse lampe Berger qui remet les odeurs au pas échoue face à la ténacité du plat du jour. Le bâton d'encens ressemble à un gendarme en culottes courtes. La daube, le parmentier, le civet de lapin de garenne enfoncent leurs doigts fourchus dans les doubles rideaux. N'est pas né celui qui viendra les déloger. La maison de campagne est là pour les cacher, les protéger contre les rafles de la hotte aspirante et autres militants des cuisines propres.

Le lendemain du 15 août 1962, j'étais de garde, la famille était partie cueillir les myrtilles dans le bois de Saint-Genest-la-Tourette. Je lisais *Poil de carotte* lorsqu'une femme âgée, vêtue de noir, frappa à la porte. Elle semblait échappée d'un brasier, tant elle était ébouriffée, énervée. « Je viens porter plainte contre votre chien qui a tué l'un de mes canards. » Nous n'avions pas de chien, mais, chaque été, un pauvre corniaud orphelin montait sa tente sous notre prunier. Pataud avait de l'allure, comme les gens qui n'ont plus rien à perdre et qu'un rien habille ; il déambulait dans le village sans GPS, avec son instinct et sa truffe pour maîtres. Il trottinait maladroitement, la tête d'un côté et le cul de l'autre. Il semblait toujours en mission, alors que personne ne l'attendait nulle part.

Dès notre arrivée, Pataud débarquait de son Arche de Noé et nous faisait fête comme s'il nous avait quittés de la veille. Il savait s'imposer avec discrétion : deux pas en avant, trois pas en arrière, telle était sa danse quotidienne. Mon père lui imposait des règles de vie que lui-même peinait à croire. Pataud osait une patte sur le plancher de la cuisine et l'un de nous grondait aussitôt pour le faire reculer et lui prouver que la vie n'est pas si facile que ça. Pataud savait depuis belle lurette que son vagabondage n'était qu'ordres, contrordres et désordres. Aussitôt réprimandé par l'un d'entre nous, il était aussitôt caressé et consolé par un autre.

Comment voulez-vous bâtir une existence de chien enviable dans un tel cafouillage ?

J'ai l'impression que Pataud s'en fichait. Il ne rêvait que de carcasse de poulet, de riz mouillé au jus gras, de couenne de jambon. Toute l'année il volait dans les poubelles, et, l'été, il vivait une vie de luxe chez nous. Notre maison était son palace de bord de mer.

En attendant, comme la vieille l'annonçait sur le pas de la porte, notre célèbre Pataud, même repu, ne craignait pas de replonger dans la délinquance. La fermière éplorée, elle, ne rigolait pas avec la loi. Son canard avait été tué et nous devions payer. Laissant Poil de carotte à sa solitude d'enfant mal-aimé, je sortis du placard une feuille et un crayon et demandai à la veuve de bien vouloir faire sa déclaration par écrit. Elle s'installa à la table et écrivit le récit de l'assassinat, avec moult détails. En conclusion, elle réclamait un dédommagement forfaitaire de 10 francs pour le décès du palmipède. J'assurais cette bonne dame de toute mon attention et que la famille statuerait sur la suite à donner à cette affaire.

Je repris la main de Poil de carotte pour le suivre et le consoler lorsque, tout à-coup, la plaignante fit son entrée au tribunal pour ajouter « une petite phrase » au pied de sa signature. La déclaration était : « En plus, il était immangeable... » Après son départ, je la suivis du regard pour savoir si elle se rendait à l'église pour se confesser, car je la soupçonnais d'avoir su accommoder la dépouille à son palais. Le juge ne l'a pas condamnée, et c'est tant mieux. Au diable la vérité !

Jeanne

Après avoir roulé ma bosse en Suisse pour le compte d'une compagnie théâtrale de Lausanne, j'ai mis au service des enfants en difficulté ma technique théâtrale issue d'une recherche exemplaire du créateur Alain Knapp.

Nous sommes dans les années 1970 et le besoin d'expression scénique est aussi important pour moi que le sel et le poivre dans le plat du jour. Je me retrouve donc engagé dans un centre de rééducation à Vitry, au sud de Paris.

Je suis un grand échalas aux cheveux longs. (Depuis, le lièvre au vin rouge et la poule farcie m'ont arrondi les angles.) Je passe de groupes d'enfants en groupes d'enfants pour arbitrer des saynètes improvisées et guidées à la fois. Je rencontre un beau succès auprès de l'équipe soignante.

Un matin de décembre, j'aperçois une silhouette bancale qui traverse la cour de récréation. Une femme hors d'âge se cache sous une cape. Elle est coiffée d'une toque en fourrure. Son chapeau est porté à l'envers, de sorte que la queue du vison lui barre le visage. Quelques gosses en villégiature dansent autour d'elle comme une volée d'étourneaux. Tel fut le début d'une idylle extravagante entre Jeanne et moi.

Jeanne est une psychanalyste pour enfants très reconnue. Elle donne l'impression de partager la même vie que nous, mais c'est un leurre. Jeanne est ailleurs, là où l'on n'entre que sur invitation, après s'être déchaussé. J'ai donc enfilé mes chaussons en peau de buffle pour m'approcher de cette déesse secrète.

Elle est distante avec les autres, qui, souvent, pensent qu'elle a un petit grain. En réunion où l'on évoque le cas de chaque enfant, il n'est pas rare qu'on lui coupe la parole. Jeanne s'en fiche. Elle est là sans y être, car elle vit depuis belle lurette entre le bac à sable des enfants et le toboggan.

C'est au restaurant du personnel que je fais plus ample connaissance. Elle arrive à point d'heure et s'installe à côté de moi, le petit nouveau. Ce jour-là, il y a macédoine de légumes et escalope normande. La carafe d'eau remplit les verres. Le vin est payant. Personne n'en consomme. Assise près de moi, Jeanne garde sa toque sur la tête, mais rajuste la queue de la bête à l'arrière. «Vous n'avez pas envie d'un petit gorgeon avec moi ?» me demande-t-elle. Moi qui reviens du pays du Fendant, de l'Epesses et de l'Œil de Perdrix de Neuchâtel, j'accepte illico l'offre de ma voisine. Le vin servi en bouteille étoilée n'est pas terrible. Le verre en pyrex ne lui ajoute aucune élégance. Je sens bien que, l'un et l'autre, on s'en fiche. D'évocations théâtrales en petits gorgeons, un fil d'Ariane indescriptible, qui sert de courant électrique, nous traverse. À table

Jeanne oublie souvent de prendre sa fourchette. Elle saisit le blanc de poulet à la main. Les regards se portent sur elle. Elle ne les croise pas. Elle poursuit son casse-croûte comme elle veut. Elle ne s'essuie le tour de la bouche qu'en fin de repas. Elle semble comme revenue d'un festin romain.

Au fil de ces agapes qui se transforment en banquets grâce à notre conversation, nous devenons amis. Elle, parce que je suis « son clown », comme elle dit, moi parce qu'elle m'épate, tant son regard est doux, juste, intelligent, tolérant.

Après mes prestations auprès des enfants, je rejoins, le soir, l'école du cirque d'Annie Fratellini et Pierre Étaix. Ils m'ont pris sous leur aile pour m'aider à trouver mon chemin dans l'art de la pantomime. À la sortie de l'école, je suis invité chez Jeanne, dans le XIVe arrondissement. Elle y convoque ses amies pour que l'on partage la table.

Jeanne est d'une telle fantaisie qu'elle se déguise avant mon arrivée. Un jour en alpiniste avec pantalon de peau, chaussettes rouges et chaussures de montagne. Un autre en garagiste avec salopette bleue, casquette de toile et mégot au coin de la bouche. Décidément, cette femme est sur terre pour rendre les autres heureux. J'ai su bien plus tard que la fameuse toque portée à l'envers était une mise en scène improvisée pour faire rire les enfants qui en redemandaient chaque fois qu'elle apparaissait dans la cour.

À chaque dîner, Jeanne sortait de sa hotte ses copines les plus croustillantes. Elles étaient toutes hors d'âge, hors normes, hors mode. Je me souviens de l'une d'entre elles, d'origine russe, qui avait été la monteuse des films de Jacques Tati. Elle aussi portait le vison et le gardait tout au long de la soirée. Ces collégiennes millésimées fumaient cigarettes et cigares durant tout le repas. Pas un seul tourtereau, j'étais le seul Harold toléré par cette association de « belles » en goguette.

Jeanne était persuadée que je mourais de faim, comme tous les jeunes artistes. Elle commandait chez son écailler des plateaux de fruits de mer à douze étages. Jamais je n'oublierai la tête du petit livreur, me dévisageant avec stupéfaction lorsqu'il me découvrait installé sur la banquette entre deux pimprenelles ressemblant plus à des voitures de collection qu'à des gravures de mode.

Ces jolies dames mangeaient peu. En revanche, elles buvaient tout ce qui se présentait : rosé, blanc, rouge, whisky, puis retour à la case départ. Moi, je devais m'appliquer à réduire à néant le plateau de fruits de mer. Toutes surveillaient mon appétit avec discrétion. Elles grignotaient les crevettes et délogeaient avec minutie les bigorneaux de leurs coquilles.

C'est ainsi qu'au cours de ces soirées surréalistes, j'ai découvert la belle culture de « ma Jeanne ». Cette vieille dame avait rencontré et côtoyé les plus grands artistes. À table, elle désignait du doigt la place de chacun. Autour du même pot-au-feu on rencontrait Picasso, De Chirico, Breton et bien d'autres.

Un soir, après le départ toujours bruyant des amies de Jeanne, je restai un peu pour poursuivre la causette. Toutes les anecdotes croquées au-dessus des coquilles vides et des verres en vrac me régalaient. Jeanne m'invita à déplacer une armoire de famille à l'entrée de sa chambre. Surpris de me transformer en déménageur à 3 heures du matin, je fis le fort des halles pour riper sur le plancher le meuble imposant. Devant moi, un poème splendide était écrit sur le papier peint du mur.

Son titre : « À ma Jeanne ». Son auteur : Paul Éluard. Je le lis à voix basse, je le relis en le chuchotant. Assise en tenue de garagiste sur son lit, Jeanne ôte sa casquette de toile et me demande de lui lire *son* poème à voix haute. Je le fais avec peu d'adresse. Ensuite elle me raconte son aventure avec Éluard, et notamment le jour où Paul glisse dans la salle de bains et se casse le coccyx sur le bidet. Allongé par terre, Jeanne le masse avec une pommade au camphre, et Paul Éluard de déclarer : « Et dire que le plus grand poète du monde vient de se casser le cul, et personne ne le sait ! »

Bien plus tard, Jeanne est venue me voir jouer un spectacle pour enfants sous chapiteau, place des Fêtes, à Paris. Elle s'est installée au milieu des petits et, au moment des applaudissements, elle a remis sa toque de vison à l'envers, la queue de la bête sur le nez, pour me faire rire.

Je ne l'ai jamais revue.

Lily

Le village de la Vareille vit au rythme de Lily la bistrotière, confidente, chauffeur de bus, de taxi, et chanteuse de fin de banquet. C'est au milieu d'une longue courbe que l'on déniche ce conservatoire de la vie locale. Sept jours sur sept, l'existence déroule sa bobine de fil pour tricoter ces petits riens qui enchantent celui qui jette son ancre chez Lily.

Dès l'aube, la tenancière fait le café pour les ouvriers qui rejoignent les aciéries des Ancizes. Le café, la lichette de rhum, un brin de météo, et l'on réajuste son sac sur l'épaule pour monter dans le bus de Lily.

Lily sillonne les routes de campagne au volant de son Scania gris et rouge. Il est

5 heures et l'on devine dans la nuit ces petits groupes d'ouvriers qui patientent à l'entrée des hameaux. « Bonjour, Bernard ; bonjour, Roger » – et la route reprend.

Lily est enveloppée dans des lainages qui n'ont ni âge ni allure. Elle trimbale son existence en se mettant au service des autres. La pointeuse à l'entrée de l'usine ne blague pas. Il faut être à l'heure, un point c'est tout. Le premier « ramassage » terminé, elle cueille les enfants pour les emmener à l'école.

Le bus est chaud comme un fourneau prêt à rôtir. Lily adore « ses petits », les conversations qu'ils bâtissent ensemble. Les enfants apprennent leur poésie dans le bus. Ils récitent à voix haute leur leçon. Lily a l'oreille de Karajan et sait s'ils jouent en mesure ou pas.

Pour certains, le voyage est long. Lily organise pour eux un atelier dessin au fond du car. Les œuvres sont offertes aux mamans, aux voisins, à Lily. Dans le vide-poches du véhicule, un carnet retient par cœur les dates anniversaire des papas et des mamans. Les crayons de couleur font le reste.

À 9 heures, les grands sont au boulot, les petits à l'école. Lily range l'autocar contre l'auberge. Le deuxième acte de la matinée est en place et se joue entre le comptoir et la cuisine. À cette heure-là, la vie est encore un peu molle. Le temps lisse ses plumes. Installé au comptoir, un célibataire peu loquace bascule un verre de rosé avec langueur. Le journal *La Montagne* est en bout de zinc. Plié, déplié et replié par des dizaines de mains au petit jour, il n'a plus cette fierté de celui qui possède l'information et ne l'a pas encore chuchotée.

Un célibataire amateur de rosé frais a toujours la même attitude : il offre un quart de profil à la tenancière, laissant ainsi fuir son regard au loin, sur le bord de la route. Il ne regarde jamais dans les yeux celui ou celle qui essuie les verres. Il l'ignore sans jamais rater le moindre de ses gestes. Un amateur de rosé frais ne réclame jamais un autre verre, cela va de soi, comme de donner la main à un enfant qui veut traverser la route. On ne sait pas non plus pour quelle raison il est là, chaque jour à la même heure. Lui non plus, d'ailleurs. Ces acteurs-là aiment à se glisser dans le silence. Ils le façonnent à leur taille. Le matin ne supporte pas les longues conversations, il aime les phrases courtes, avec peu d'adjectifs. « Ça va, ce matin ? – Ça va… », et le rosé se faufile entre ces bouts de sentiments partagés.

Lily en profite pour rejoindre la cuisine. Elle sort du réfrigérateur un large reste de pot-au-feu de la veille. Elle le hache grossièrement : « Une farce n'est bonne que si l'on devine des morceaux. » Pot-au-feu, plus chair à saucisse, plus oignons émincés, plus persil haché, plus-plus-plus… Les mains sont expertes dès qu'il s'agit de farcir des tomates. Il ne faut jamais s'approcher d'une cuisinière quand elle improvise une farce, car on pourrait, en trois coups de cuillère, se retrouver l'ingrédient principal.

Lily ne cuisine que des plats tranquilles, des plats qui aiment le four, des plats marathons qui ne s'essoufflent jamais. Le soufflé au Grand-Marnier n'a pas sa place à La Vareille. Les amateurs de casse-croûte volé à la matinée savent aussi que l'on ne précise jamais la cuisson d'une viande poêlée. On cuit comme on peut, et c'est très bien comme ça.

Le fourneau fait son boulot, la tête dans le guidon jusqu'à midi. Au fil des heures, la bouteille de rosé ralentit son train-train pour laisser place à la bouteille de gentiane. La Suze-Pernod traverse les modes la tête haute. Une dose de gentiane, une giclée d'anis, un glaçon, et les verres se klaxonnent dans l'embouteillage du zinc. Le porte-monnaie a remplacé la blague à tabac dans la main du visiteur. « Remets ça, Lily. » On est pressé sans l'être. Chacun connaît les règles de cette comédie. Le tracteur tourne au ralenti sur le parking. On n'interrompt pas la conversation d'un moteur diesel, pour bien montrer que l'on s'arrête sans jamais le faire complètement.

Vers midi, le vent du déjeuner agite les branches de cette tranquillité convenue.

Les livreurs, les ouvriers, les représentants en produits surgelés animent le carrefour. La salle à manger droite comme un I est au garde à vous. Cette salle prévue pour les banquets est accolée sans originalité au bistrot de campagne. L'architecte choisi par Lily aime les angles et les lignes droites. Carrelage blanc, murs blancs, ça ne rigole pas ! Les tables se suivent et se ressemblent. Un litre de vin rouge est posé harmonieusement toutes les quatre assiettes.

Tel un vol d'étourneaux, les habitués passent à table. Les casquettes ont volé comme des frisbees jusqu'au portemanteau. Chacun attend, mains jointes sous le menton. La soupière est posée. Le bouillon du pot-au-feu au vermicelle embarque les gaillards dans son tourbillon parfumé. Chacun se sert sans penser au voisin. Ce n'est pas manque d'élégance, mais coutume.

Je plains toujours le fameux VRP habillé comme un diplomate qui débarque à l'improviste dans ce genre d'auberge de bord de route. Son approche est alambiquée, hésitante. Il semble entrer dans une comédie musicale sans avoir répété son rôle. Les habitués lui font payer illico son intrusion. Pas un bonjour, pas un regard. Il est en bout de table et se raccroche au sourire de la serveuse comme à un canot de sauvetage. Seul le journal peut lui permettre d'attendre les premiers secours. Il lit et relit les avis d'obsèques. Originaire de Chaumont, en Haute-Marne, il décode avec assiduité les résultats de l'équipe cadet du Football club de Manzat, le village voisin. Sa solitude devient encore plus pesante lorsque la serveuse dépose devant lui une terrine maison et un bocal de cornichons qui ne font pas partie du menu ouvrier prescrit aux autres. Il mange en lisant afin d'échapper aux regards désapprobateurs. C'est à ce moment-là qu'il est analysé dans les moindres détails. Sa cravate est pesante comme la cloche accrochée au cou d'une vache en alpage. Il paiera sa visite jusqu'au plateau de fromages que l'on poussera devant lui en lui ayant bien montré que chaque convive s'est resservi copieusement. Les rogatons de brie et de camembert clôtureront son festin de bourgeois. Tout est dit. Il peut repartir l'oreille collée à son téléphone portable, dans une indifférence totale. Au revoir, Monsieur. L'auberge de Lily, c'est la maison du Bon Dieu, mais le chemin de croix qui précède l'acquisition du brevet d'habitué est long, très long.

Le dimanche, chez Lily, on fait banquet jusqu'à point d'heure. Lily aime fédérer les âmes seules. Au cœur de la matinée, après la sortie de la messe, elle part à la cueillette des célibataires, des veufs et des veuves. Chacun d'entre eux l'attend sur le pas de sa porte. Maurice a sorti la chemise du dimanche, Hélène a accroché la broche sur son corsage. Les mouchoirs sentent la lavande. À midi pétantes, ils sont tous là, entremêlés.

Les festoyeurs du dimanche sont des précurseurs et non des suiveurs. La salle à manger n'est pas encore complètement pomponnée que les convives commencent à marquer leur territoire en laissant ici ou là un sac à main, un pull ou une veste. Le préambule du repas dominical est long. Pas de rosé, mais des apéros chics : martini, pastis, porto pour les dames. Les glaçons sont saisis à la pince. Les jours ouvrables, on les ajoute à la main. Les cacahuètes sont dans les sous-tasses à café. Les jolies dames de Châteauneuf-les-Bains rectifient leur rouge à lèvres après chaque tournée.

Seul derrière le comptoir, le mari de Lily n'a pas revêtu sa tenue du dimanche. On le charrie sur son bleu de travail qui est au jour du Seigneur ce qu'il est au lundi, au mardi et aux autres jours. Il prétexte que son dernier costume gris le boudine et que ça fait trop mariage.

Petit à petit, les tablées se composent. Lily gère ses plans de table comme une mère supérieure. Maurice est adopté par une famille de Blot-L'Église. Hélène ne veut pas s'asseoir, pour « aider au service ». Lily insiste, lui proposant une belle ouverture à la table des Borel. « Non non, pour l'instant je vais aider... Gardez-moi une petite place, je vous rejoindrai après ! » Après quoi... Dieu seul sait !

La serveuse débouche une première bouteille de Sylvaner d'un propriétaire complètement inconnu des guides du vin. Encouragés par ce premier geste, les hommes sortent leur couteau personnel pour aider la petite Maryse à dégoupiller les quilles de blanc. Dans le long plat en inox, la terrine de poisson est entourée de feuilles de salade, de tomates et de citrons sculptés maison. Quelques crevettes roses posées en virgules au pied des tranches ponctuent l'entrée de ce dimanche. Lily n'a pas fait la terrine. Elle préfère l'acheter chez Métro, lorsqu'elle descend avec son taxi à Clermont-Ferrand. « Je ne saurais pas faire aussi bien, dit-elle. Et puis, le dimanche, on ne peut pas manger "ouvrier" comme les autres jours. » On finit le vin blanc en une gorgée, la tête renversée en arrière. Quelques femmes prudentes versent le trop-plein de leur verre dans celui du mari. Le rosé est annoncé avec les escargots de Bourgogne. La douzaine de gastéropodes est servie brûlante comme le Vésuve. Elle pétille, embaume la salle à manger. Le beurre aillé est en folie. Il s'échappe de la coquille, tout juste rattrapé par une bouchée de mie de pain. Il faut attendre que l'éruption des mollusques se calme avant de hasarder une pince et une fourchette. Certains se jettent tout de même dans cette mêlée hurlante. L'escargot capturé entre langue et palais anesthésie illico les papilles de l'imprudent qui pousse des ah ! et des oh ! étouffés dans la serviette pelotonnée à l'orée de sa bouche et transformée en four pour l'occasion.

Le rosé calme toujours les ardeurs, c'est bien connu. Suivra la pintade aux salsifis en boîte. « Y a rien à manger dans une pintade, et c'est toujours sec », chuchotera Suzanne à l'oreille de sa belle-sœur. Qu'importe ! Les hommes rongent les os pour ne rien laisser aux chiens des campagnes.

Salade, fromages propres sur eux : le dimanche, on n'aime pas ceux qui dégoulinent sur un plateau. La semaine, oui, mais le dimanche on préfère la bûche de chèvre emmaillotée dans son papier blanc, le camembert pasteurisé. C'est plus élégant, plus banquet.

La corbeille de fruits de saison composée invariablement, été comme hiver, de bananes et d'oranges, trône au centre de chaque table. Une grande assiette de boudoirs et de petits beurres l'accompagne.

C'est à ce moment-là que les hommes dégagent leurs jambes de sous la table. C'est éprouvant, un banquet. Il faut se dégourdir la carcasse avant la première note d'accordéon. Le musicien est au bar. Il a déjeuné seul, au pied du comptoir, comme les chauffeurs d'autobus. Il est assoupi devant son deuxième ou troisième café-calva. Il semble concentré sur son animation à venir. Près de lui, son piano à bretelles sommeille dans son écrin. La boîte est décorée d'écussons adhésifs qui sont la preuve des villes traversées : Chatel-Guyon, La Bourboule, Sayat, Le Mont-Dore. Dédé, le musicien, fait danser l'Auvergne chaque dimanche, et les soirées privées sur demande. Dédé aime Lily, et Lily aime Dédé. Une fibre artistique les unit, car le clou du déjeuner dominical est le tour de chant de Lily.

Le temps d'un café, et la cantatrice de La Vareille réapparaît, drapée dans des soies noires. Le visage repoudré pour gommer le labeur en cuisine, elle débute son tour : « *Il est parti puis revenu, mon amant de Saint-Jean* », fredonne-t-elle, écrasée par la boîte à musique de Dédé. Elle glisse entre les tables ses mots d'amour. Elle caresse l'épaule d'un convive pour mieux évoquer sa rencontre avec un légionnaire. Les hommes font le dos rond sous ses suppliques. Les femmes reprennent en chœur les refrains. Dédé ne dompte pas toutes les notes de son répertoire, certaines s'envolent à tire d'aile comme l'hirondelle pressée de migrer pour un pays lointain. Il les rattrape avec la même obstination qu'un gosse qui veut ramener au bercail un papillon échappé de son filet. Il y a du vrac dans la musique de Dédé, et c'est tant mieux. On évoque Piaf une octave trop haut. On chante Montand comme on peut.

Entre deux couplets, les hommes sortent pisser derrière un capot. Ils se remettent une petite tournée de gnôle en croisant le zinc. Hors de portée du regard des mamans, cette lichette d'alcool volée au bar est meilleure que les autres. C'est peut-être pour cela qu'on appelle cette petite versette l'« interdite ».

À la nuit tombante, chacun évoque le costume gris du lundi qui s'annonce. Quelques irréductibles se provoquent au crémant. La salle à manger a les quatre fers en l'air. Quelques bonnes volontés féminines qui se foutent du film du dimanche soir aident Lily à repomponner le décor. Voilà, c'est prêt pour demain… Debout à 5 heures moins le quart !

Monsieur Paul

L'autre jour, j'ai demandé à un enfant : « Dessine-moi un cuisinier ! » Le petit sort un crayon de sa poche et sur la nappe en papier il croque la silhouette d'un chef. Sous la mine, j'ai vu apparaître un homme de belle carrure, planté sur ses pieds comme un fantassin. Il avait les bras croisés et l'immense toque blanche posée sur sa tête soulignait deux yeux de braise, perçants. Pour mieux réussir ce regard, le gosse a sorti de sa poche un miroir afin de copier l'éclat de ses propres yeux. Le dessin terminé, le petit prince est retourné à ses profiteroles au chocolat, et moi j'ai découpé la nappe pour garder son œuvre au chaud, pliée dans mon portefeuille.

Dernièrement, me rendant à Lyon pour une émission de radio, je suis allé souper chez Paul Bocuse. J'avais un peu de retard par rapport à l'heure annoncée. Il faisait nuit et je suis arrivé comme un chat, en rasant les murs. Ce fut d'ailleurs pour moi une belle occasion de redécouvrir les fresques sublimes qui ornent la cour. J'en ai profité pour me réchauffer dans les bras de la mère Brazier, chiper une écrevisse dans la soupière de Fernand Point et saluer les parents de Paul qui apparaissent tout là-haut sous le faîtage de la maison. La chambre actuelle du célèbre cuisinier était allumée. Peut-être était-on déjà en train de battre les oreillers avant le sommeil ?

Paul Bocuse occupe cette chambre depuis sa naissance. « Il me faut toujours la Saône à ma gauche pour que je dorme bien. Même lorsque je suis à l'autre bout du monde, je cherche sa proximité avant d'entrer dans mes rêves », précise cet homme qui n'a jamais guéri de son enfance.

Secoué par une bourrasque venue de la rivière, j'ai recouvré mes esprits, aperçu le cuisinier qui faisait les cent pas dans le hall en engueulant sa montre, pauvre martyre. Je suis entré en alignant mille et une excuses. Il m'a embrassé et dit simplement : « J'ai cru que tu ne savais plus où était la maison. »

Cette remarque m'a réexpédié à mes dix ans, un peu comme le père qui gronde le fils qui s'est attardé chez l'épicier en rentrant de l'école. En fait, Paul est un papa, un cœur protecteur. Pas de palabre apéritive au salon. « On passe à table », souligne-t-il, à deux doigts d'ajouter : « Tu t'es lavé les mains ? » « On va manger de la soupe, un bout de poisson et un rien de viande… ça ira ? »

On croit rêver. On se trouve chez le pape de la cuisine et il annonce un menu de fête comme un casse-croûte de conscrits. Cette approche très lyonnaise colle les larmes aux yeux. Il veut un bon champagne, un bon vin blanc et un bon vin rouge pour compléter ce bonheur.

Bon est un joli mot, appétissant dans la bouche de Paul Bocuse. Il rend les papilles furieuses. Il met le palais sens dessus dessous. Paul roule ce mot en bouche comme nul autre, il le veut généreux, évocateur. « Un *bon* champagne », cela dit tout. Il liche un verre, sans commentaire. De vous à moi, le vin est fait pour être bu, pas pour être lyophilisé afin d'entrer ensuite dans le dictionnaire. Une large gorgée dans le bec et voilà le chef qui repart en cuisine : « Il faut bien que j'aille dire ce que tu manges. »

Pendant sa fuite, j'ai sorti le dessin et l'ai collé en sourdine sous ma serviette. C'est bien lui, le pilote de la cuisine française, que le gosse m'a croqué spontanément, sans le connaître. Troublé, je bâtis des raisonnements surnaturels : je soupçonne Paul Bocuse de savoir parler aux ventres ronds des futures mamans.

Le voici qui réapparaît, digne comme un pharaon, fier comme un dieu. Il est allé poser la main sur l'épaule de Roger Jaloux, Jean Fleury, Christian Bouvarel ou

Christophe Muller, ses plus fidèles lieutenants, qui l'appellent « Monsieur Paul ». Il est fascinant, Monsieur Paul. Sa présence suffit à embellir une cuisine. Pas de cris, de coups de gueule, Monsieur Paul parle juste. Il faut le voir encourager un apprenti, conseiller, voir, regarder par-dessus l'épaule de sa brigade. Son respect pour le travail de l'autre est époustouflant. Sa poignée de main ne change jamais, qu'elle soit échangée avec le président de la République ou avec le petit cuisinier qui a traversé la France pour venir le saluer : il n'y a aucune différence, tout simplement parce que Monsieur Paul rêve toujours comme un gosse devant une rondelle de saucisson et une fillette de vin rouge. Monsieur Paul jongle avec ses casquettes : un jour à Tokyo, un autre à New York, le surlendemain à Collonges. Un jour la soupe aux truffes noires Valéry-Giscard-d'Estaing, plat créé pour l'Élysée en 1975 ; le lendemain, une omelette au lard et aux oignons cuite dans la cheminée de son cabanon pour Marcel, Robert ou Lucien, ses compagnons d'école, toujours fidèles au poste.

« Fidèle, fidèle, je suis resté fidèle », chantait Trenet. Il aurait pu composer ce refrain assis à la table de Collonges, car ce mot va comme un gant à Monsieur Paul. Aucune guirlande, aucune étoile, aucun feu d'artifice, aucun diamant, aucun caviar n'a ébranlé la rectitude de cet homme intègre. Il faut chanter Bocuse et ne plus le raconter. Il faut le voir bras dessus, bras dessous avec ses copains de toujours, Troisgros et Vergé, surprendre leurs rires, leurs facéties dignes de garnements buissoniers. À croire que les fumets et la mélodie du beurre blond entretiennent la joie de vivre et l'amour du beau.

Qui a dit que Bocuse a quatre-vingts ans et des miettes ? Je ne le crois pas ; je sais que le petit prince, en le dessinant, l'imaginait copain de classe.

La Petite dame

C'est une petite dame sans histoire, le physique d'un cœur anonyme. Ses voisins ne savent rien d'elle. Elle se lève très tôt, à l'heure où la nuit n'a pas encore aspiré son encre. Son châle sur les épaules, elle sort de sa maison située dans les vieux quartiers. Les sacs en plastique qui l'accompagnent froissent l'air à l'arrière de ses pas. Au pied d'un arbre, trois ou quatre chats de gouttière l'attendent en dansant, la queue en point d'interrogation. L'un est orange comme un potiron, c'est le chef de la bande.

Ils organisent un ballet autour des jambes de la dame qui dépose au pied de l'arbre les restes du jour passé. Ils sautent sur la gamelle en oubliant de dire merci.

La dame s'éloigne en semant au bas de la fontaine du riz et des graines pour les pigeons. L'aube est secouée par les battements d'ailes des gardiens de l'église des Minimes. Ce casse-croûte réservé aux volatiles est strictement interdit, c'est écrit au dos de la fontaine. Mais la dame sait que les gendarmes dorment encore, à l'heure où elle joue la bonne semeuse. Elle disparaît et s'efface derrière la porte de sa maison. Dans le couloir de son logement, cinq boîtes aux lettres affichent l'identité des locataires : Moine ; Dupuy ; Collet ; Mioche ; Gonzales. Quel est le sien ? On ne sait.

Elle vit au rez-de-chaussée. Le filet de lumière entre les deux pans du lourd rideau trahit sa présence.

Le jour se lève, les moineaux du quartier Saint-Adjutor finissent les restes. Aucun signe de vie derrière le rideau. La lumière du jour ne semble pas y être aimée. Les gens vont au boulot et quelques clochards en guenilles s'affaissent près de la fontaine. Ils transportent avec eux leur sommeil permanent, s'adossent au bassin d'où ils surveillent le rez-de-chaussée de la maison.

Il est midi. La dame tire le rideau, ouvre la fenêtre de sa pièce unique et dépose sur le bord de la fenêtre des bols fumants. Quatre cuillères y sont plantées comme des mâts de cocagne. La dame referme sa fenêtre, tire son rideau. Les quatre ombres se déplient, rejoignent cette étroite table d'hôtes. On devine, aux arômes qui s'égarent sur la place, la daube ou la soupe aux poireaux et au lard.

Les pauvres mangent toujours lentement, pour apprivoiser le plaisir. Cela fait belle lurette qu'ils ne savent plus ce que l'on appelle le temps. Les bols sont redisposés sur le bord de la fenêtre, propres comme des sous neufs. Le rideau se rouvre, puis la fenêtre. La dame empile les bols, referme le tout et retourne vaquer à ses petites affaires.

Les silhouettes chancelantes ont dépassé la place. Comme les balayeurs après le marché, les moineaux nettoient cette salle à manger improvisée. Seules quelques taches de graisse échappées du bol ont patiné au fil des jours le rebord de la fenêtre.

Partage

Je suis chroniqueur gastronomique et non pas critique. Je tiens particulièrement à cette différence. Je raconte, j'évoque, je croque une atmosphère, un plat. Je n'arrive jamais dans une auberge avec le couteau entre les dents et la hache passée dans le ceinturon. Je me glisse dans les maisons, le cœur ouvert. Lorsque j'ai écrit mon premier *Guide du casse-croûte*, j'ai parcouru la France de long en large. Je prenais le premier avion, le premier train pour rejoindre mes rabatteurs. Le thème de chaque rencontre : « Emmène-moi dans des auberges, des cabarets, des caboulots où l'on peut partager l'omelette et la charcuterie dès potron-minet. »

C'est ainsi que j'arrive en gare de Dijon où m'attend Jean-Pierre Billoux, chef de cuisine réputé. Bras dessus, bras dessous, nous partons dans le vignoble. Côtes de Beaune, les côtes de Nuits : nous circulons de village en village, le bec en alerte. Nous faisons halte dans un bar-tabac tranquille. Je me pose au zinc et me transforme en épagneul-breton en période de chasse. Je traque le moindre fumet, cherche le casier à ronds de serviettes. Je tends le cou comme un héron pour apercevoir un coin de fourneau en cuisine. Je planque comme le commissaire Maigret, la pipe au bec. Il est 11 heures 30, le bourgogne aligoté raconte son histoire. De verre en verre, on écrit le poème du jour.

J'aperçois au loin un homme sur son vélo. Le rythme du cycliste est empreint de sagesse. Comme tous les personnages qui me plaisent, il porte la casquette plate, la chemise écossaise, le pull couleur lie de vin tricoté par sa femme. À vingt mètres de la porte, il dégage sa jambe droite comme un oiseau étire son aile. Emporté par l'élan, il se pose en trottinette à côté de sa monture. Il cale sa bicyclette. À l'arrière du deux-roues, deux sacoches en skaï noir sont accrochées au porte-bagages. Des poireaux et un céleri branche s'en échappent. La cueillette de son jardin est toute simple, toute belle. Il entre et, en guise de bonjour, soulève à peine la visière de sa casquette et ajoute à son geste : « Ces messieurs-dames… » Il s'accoude au bar. Le comptoir semble avoir été conçu pour des basketteurs. Il est haut sur pattes. Le petit jardinier fait un effort pour poser ses coudes sur le zinc, position idéale pour appréhender l'apéro. Habitué des lieux, il pousse une pièce de monnaie devant lui et le patron lui verse une Suze en échange.

Très peu de mots. L'un et l'autre ont fait connaissance à la création de l'humanité. Je devine que le jardinier est attendu chez lui à midi pétantes pour passer à table. Au fil des minutes et des tournées, l'homme me regarde, m'observe, puis finit par m'accoster :

« Ah, je vois que vous aimez bien le vin… Vous êtes comme moi… Mais j'ai remarqué que le vin est toujours meilleur servi en magnum plutôt qu'en bouteille… » Je lui explique alors que le vin aime être à l'aise, qu'il adore les grands espaces pour mieux révéler sa saveur. Il acquiesce et précise : « Oui, mais un magnum pour un homme seul, ça fait beaucoup… » J'ajoute que c'est en effet l'équivalent de deux bouteilles, et là, il conclut avec poésie : « Un magnum pour un homme seul, c'est trop, mais un magnum pour deux, c'est un peu juste. »

Ce jour-là, j'ai collé dans mon dictionnaire un post-it à la lettre « c » comme convivialité, pour ne jamais oublier cette lumineuse définition du partage.

Pour persévérer dans cette quête du bonheur et des bons mots, nous sommes allés jusqu'à Baubigny, en Côte-d'Or, chez Denise Lagelée (ça ne s'invente pas), pour nous régaler d'une cuisine franche, sans détours. Ce jour-là, au programme : tomates farcies pour tout le monde !

Un artiste

J'atterris à Nantes de très bonne heure. Jacques Thorel, cuisinier à La Roche-Bernard, m'attend les mains enracinées au fond des poches de son caban. Il a « pris sa journée » pour cette balade exquise. Nos retrouvailles se fêtent autour du zinc, près du marché réservé aux grossistes. On reste debout pour apprécier une belle douzaine d'huîtres et un verre de muscadet. Il a décidé de me faire découvrir un endroit unique.

La voiture file sur les petites routes, les bourrasques jettent leurs confettis sur nos conversations chaleureuses. Nous sommes en mars et le printemps a installé ses amandiers en fleurs au bord des chemins. Un village se profile sans pancarte, un peu comme oublié par la direction départementale de l'Équipement.

Tout aussi anonyme est le fameux endroit unique annoncé par Jacques, lequel se gare devant la porte d'une ferme. Pas d'enseigne, pas de voiture, seule la licence IV est scotchée sur une vitre. Devant la maison : un autobus, deux tracteurs et la voiture jaune du facteur. La porte est légèrement entrouverte et on pénètre dans une pièce principale qui cherche son identité. Un peu cuisine, avec son fourneau blanc, sa bouilloire et ses casseroles ; un peu chambre à coucher, avec deux splendides armoires bretonnes aux ferrures dorées astiquées chaque semaine au Miror ; un peu salle de jeux, avec son billard qui trône au centre, recouvert d'un plateau en formica pour faire table ; un peu restaurant, avec sa table d'hôtes où sont alignés les patients qui se taisent à notre arrivée.

Le plus dur est d'entrer dans ce silence sans le blesser. Il faut lui tendre la main comme à un chien qui vient d'aboyer trop fort. La crainte, la peur, la timidité, la méfiance ourlent ce moment délicat. « Bonjour » ne suffit pas, car le « bonjour » expédié en réponse accentue la gêne. Alors, on fait « bonjour bonjour » de manière joyeuse et on précise dans l'élan : « On peut s'asseoir et boire l'apéritif ? » Pas de réponse, mais chaque acteur se pousse sur le banc pour nous offrir un bout de territoire, une portion de siège réchauffée par le velours usagé du pantalon. On est en bout de table, mais on existe, on est en scène, on est au cœur de la pièce. Il ne reste plus qu'à construire le dialogue.

Ici, c'est pastis pour tout le monde… qu'à cela ne tienne ! Le propriétaire de ce surprenant café se lève. Il a perdu une partie de son bras droit lorsqu'il était petit. Il porte un chapeau, un bleu de travail. J'apprends qu'il partage ses jours entre ce bistrot improvisé et le travail de sa ferme. Les verres sont déposés devant nous par son assistante qui n'est pas sa femme, mais « tout comme ». Devant nous se joue alors une scène inoubliable, fascinante. Le patron cale la bouteille de pastis sous son moignon de bras et, d'une bascule du torse très étudiée et très rapide, il envoie une dose dans le verre, sur la table. C'est précis, unique, du jamais vu, du bel art. Seules quelques gouttes d'anis indisciplinées éclaboussent la toile cirée, mais l'apéritif est servi de moignon de maître.

Mes yeux traduisent ma surprise. Les clients me surveillent, fiers d'être à la table d'un tel artiste anonyme. Jacques retient son fou rire. Son visage est près d'éclater. Il fixe son regard sur son verre pour éviter d'exploser, et moi, je suis du regard le propriétaire jongleur qui emplit les verres du public conquis.

Nous avons bu plusieurs tournées pour assister inlassablement au numéro du patron. Le lendemain, j'y suis retourné pour m'en régaler encore. Le patron n'était pas là, ni son assistante. Ils étaient aux champs. Le facteur a poussé la bouteille devant moi, je me suis servi. Avant de repartir, j'ai demandé ce que je devais. Le facteur m'a indiqué le bout de la table. Au-dessus du tiroir à pain, il y avait une fente ouverte dans le bois. « Tu donnes ce que tu veux. » J'ai glissé mes pièces dans la tirelire.

Cette maison de la culture bretonne restait ouverte en permanence. En l'absence de l'artiste-paysan, les habitués se servaient et réglaient leur consommation en leur âme et conscience, avec une franche honnêteté.

Western pyrénéen

Jean-Pierre Saint-Martin est mon partenaire de casse-croûte pour la région Pyrénées. Jean-Pierre est un cuisinier tout rond. Il est rond physiquement, rond dans son cœur, rond dans ses paroles, rond dans sa pratique de l'humour. Il porte un chapeau de cow-boy et m'attend à l'aéroport de Lourdes.

Mes compagnons de voyage rejoignent leurs correspondants locaux avec précipitation. Jean-Pierre, lui, prend le temps de m'accueillir en sortant de sa gibecière une bouteille de Jurançon sec et un magret farci au foie gras. Au cœur de l'aéroport, ces retrouvailles détonnent. Les costumes gris sont au café et au portable. Mon ami le cow-boy est au tire-bouchon et à la tartine.

Jean-Pierre a le souci du détail. Le vin est frais, la gelée qui sert de gilet au magret roulé est récupérée de la pointe du couteau pour être déposée sur la bouchée. Nous sommes les élus du bonheur, et on compte bien ne pas décevoir ceux qui ont voté pour nous.

Je suis toujours frappé par la faculté phénoménale du buveur de café à ignorer le saltimbanque qui fait ses roulades et ses pirouettes au pied du zinc. Sa bulle semble imperméable, son pré-carré, imprenable.

De gorgées en bouchées, nous huilons avec méthode les rouages de notre amitié. La bonne fée qui ne me quitte jamais au cours de ces escapades masse nos épaules avec sa crème du jour. Pas de douleurs ni de rhumatismes entre nous.

Nous quittons enfin notre clairière entretenue par la chambre de commerce du département. Seul un douanier fait les cent pas dans le hall. Les loueurs de voitures ont déserté. L'aéroport de Lourdes s'endort à l'ombre des montagnes. J'emboîte le pas à Jean-Pierre qui porte toujours sa gibecière sur le ventre, comme une maman son nouveau né. Jean-Pierre ne marche pas, il trottine, picore le sol. Son empressement est proche de la frénésie. Lorsque l'on part en goguette, il nous semble que nos bras ouverts ne seront jamais assez grands pour embrasser tous les cadeaux à venir.

La voiture est passée par le marché avant notre arrivée. Une bonne odeur de poisson frais et de basilic parfume le carrosse. Rien ne peut m'arriver, je vois la vie en rose. Je déambule sur les routes, passager de cette camionnette qui sent le bon goût des plats à rôtir.

J'ouvre la fenêtre, cale mon bras sur la portière, je sifflote… Le chauffeur est mon ami et le monde m'appartient. Il possède dans sa poche les clefs de ma balade. Je suis arrivé les mains vides, je repartirai avec des ridelles fixées sur le dos pour retenir toutes les auberges que j'aurai découvertes.

Nous faisons une première halte à Saint-Savin pour décharger le marché et donner du grain à moudre à la brigade du restaurant. Jean-Pierre énonce ses consignes pour que ses fourneaux n'en fassent pas qu'à sa tête lorsque le chef aura le dos tourné. Dans le salon, la cheminée affiche déjà une belle braise, et pourtant il n'est que 10 heures. Sans ôter son chapeau, le John Wayne de Saint-Savin retire le pare-feu. Il réveille le feu et demande qu'on lui apporte quelques cœurs de canards gras. « Et que ça saute ! » Il veut, juste avant que l'on parte à l'aventure, me faire goûter « un petit truc ». Les anges blancs apportent les brochettes, les cœurs, quelques œufs, de la ventrèche, de la graisse de canard. Jean-Pierre, alias John, installe son tabouret de commandant devant l'âtre, puis il embroche, fait fondre, cale la poêle, tranche la ventrèche.

En deux temps et trois tours de moulin à poivre, la brochette de cœurs devient ma baguette de chef d'orchestre. Après l'introduction jouée à l'aéroport, j'entame le premier mouvement, puis enchaîne rapidement sur le deuxième mouvement, au cours duquel la petite poêle aiguise nerveusement l'œuf et le lard. Tout ça comme ça, sur le coin de la pierre, avec un taillon de pain pour fourchette.

Acte II du western : je rattrape John au lasso qui se levait pour aller en cuisine chercher « trois trucs », de quoi faire un peu de chou farci à la poule au pot. Réinstallé sur son tabouret comme un chenapan qui vient de dire un gros mot, il souligne d'un air de reproche que je n'ai pas goûté non plus sa tartine aux graisserons de canard. Je donne un grand coup de ciseaux dans cette partition et indique à mon diablotin qu'il faut partir sur-le-champ à la conquête de l'Ouest, sinon nous ne serons jamais rentrés pour Noël prochain.

Libérée de ses cageots, la camionnette embrasse les routes sinueuses avec légèreté et fantaisie. On grimpe sur les épaules d'Argelès Gazost pour suivre la fameuse route de Hautacam, véritable chemin de croix pour les coureurs du Tour. À mi-parcours, la voiture ralentit. Je devine que mon pilote cherche à faire escale. Dans le hameau, un corps de ferme semble être sa cible. Pas d'enseigne, pas de vignette licence IV dans le coin d'une fenêtre. « Je pense que c'est ici », hésite Jean-Pierre.

On pousse la porte et on entre directement dans une cuisine qui se termine par une grande cheminée. « On ne dérange pas ? » sonne Jean-Pierre. « Entrez, entrez ! » répond une voix câlinée par le feu. Là, dans la cheminée, installée sur le côté, l'aubergiste Marthe tient la permanence. Ses deux pieds chaussés d'une paire de grosses pantoufles écossaises flirtent avec les braises au ras du sol. Tout autour de la pièce, les pots de confits gardent la salle d'armes. À côté, la salle à manger « officielle », réservée au « passage », campe autour de son buffet Henri II. On préfère la cuisine et la présence de Marthe. « Faites comme vous voulez », souligne la propriétaire qui ne décolle pas de son siège. Au centre de la pièce, la table est dressée. Quatre convives sont attendus, quatre élus, quatre mousquetaires qui auront droit à cette intimité épaisse, lorsque nous aurons levé le camp. Je me sens jaloux. Je voudrais rester.

« Prenez un verre de vin, les verres sont dans le placard », indique Marthe. La bouteille d'un litre trône près de la gazinière. Elle est entamée et n'a pas été rebouchée. On craint le pire et le pire se confirme. Ce nectar et le vinaigre d'Orléans ont des liens de parenté, nous en sommes sûrs. Les deux verres en Pyrex sont remplis à ras bord, on est obligé de monter sur le ring pour mener le combat, c'est une autre certitude. L'empressement à liquider le gobelet n'est pas d'actualité. On tourne autour du trophée en l'écorchant du regard.

Pendant ce temps, Marthe parle, parle et parle encore. Elle raconte la saison, sa campagne, son dépeuplement. Je surprends John le verre à la main, le chapeau toujours sur la tête. Il dépose ses lèvres sur le bord du verre comme on effleure d'un baiser le front d'un enfant malade. Il est tendu, emprunté, attentif à sa mission, excédé à l'idée de la bascule cul-sec. En un élan longuement répété, il avale une gorgée qui se termine par un long frisson partant du chapeau et descendant jusqu'aux chaussettes.

Je poursuis la conversation avec Marthe. J'apprends que c'est l'instituteur du hameau qui est convié à déjeuner. Son plat du jour mijote dans une cocotte orange au centre de l'âtre. Le plat sent très bon. Un sifflet de vapeur s'échappe du couvercle. Devant mon impatience à connaître le menu, Marthe m'invite à ouvrir la gamelle de l'instituteur. Je soulève, et là, découvre un sauté de veau aux pommes de terre et carottes… le rêve, à mille cinq cents mètres d'altitude !

Pendant ce temps, mon pilote a pris quelque distance avec le cœur de l'action. Il a repéré une magnifique plante d'intérieur qui pendouille d'ennui sur une sellette. Discrètement, John arrose la plante avec son breuvage décapant. On sent bien que cette plante en a vu d'autres. Ce n'ai pas un verre de « brise-ménage » qui aura raison d'elle. Je croise le regard du tueur de plantes vertes. Il ne sourcille pas et feint l'innocence en vidant les trois dernières gouttes dans sa gorge soulagée et repentante.

Marthe poursuit sa balade verbale et nous lance une invitation à rester déjeuner avec l'instit. « Vous savez, deux de plus ou deux de moins… » Marthe a un joli cœur qui bat pour les autres. Au cours du bavardage, elle a houspillé mille fois le feu sans bouger de sa place, campant sur sa sagesse.

Avant notre départ, elle nous indique la ferme de sa fille, située sur un autre versant. Sa fille poursuivait un cochon évadé, les poules éclaboussaient la prairie dans le tohu-bohu. C'était à la fois Brueghel et Blondin.

Sur le pas de la porte, on s'est retournés, alertés par une odeur âcre de caoutchouc brûlé. La semelle des pantoufles de Marthe s'amourachait des braises. Rien d'inquiétant, c'est la vie !

Nous avons resserré nos cale-pieds, nous avons glissé dans nos musettes nos bidons et nous sommes repartis à la conquête du sommet. Pas un mot jusqu'à la prochaine halte mais des fous rires tenaces et chroniques qui bousculent notre conversation. Les lacets de la route se suivent et se copient. La grimpette ressemble à une morsure irrésistible au creux de l'estomac. Le casse-croûte pyrénéen est un sport de haut niveau. Le mangeur de croquettes ne peut comprendre cette quête de garbure.

La deuxième maison à découvrir est assise dans un virage en épingle à cheveux. Elle est comme un gosse assis sur le bord du fossé, les genoux calés sous le menton. Ça sent la bonne histoire et la graisse de canard. Le Bon Dieu n'a pas posé là ce petit théâtre par hasard. La maisonnette pousse vers le ciel un long ruban de fumée bleue. Un torrent excentrique lutte contre le silence qui s'échappe de cette scène. Au mitan des eaux tumultueuses, un bassin pour les truites sauvages est improvisé avec des grillages et des branchages. Accrochées à la pente, des vaches alpinistes font sonner leurs clarines. Cette fresque-là vous colle une envie de vivre qu'aucun filet à papillons ne peut capturer. Avant de pousser la porte, on cale ses poings au fond des poches, on gobe cet air impertinent respiré par personne avant nous. On voudrait s'évanouir sur-le-champ, la tête dans les pâquerettes.

Mon ami John est suractif. Il veut me catapulter dans cette bouffée de bonheur, sans attendre. Il devient mon impresario, mon agent. Il veut que je monte sur scène, ici, chez Marie et Bernadette, et que je pleure de joie entre cette maman et sa fille. L'auberge de l'Arrioutou est un buron qui s'est toiletté pour accueillir les touristes. Les mangeoires sont accrochées aux murs et la rigole à purin de cette ancienne étable chahute la démarche du randonneur. Chaque convive devine son privilège de pouvoir faire halte chez ces deux bergères.

Marie, la mère, raconte ses longues marches quotidiennes entre Beaucens, le village, et ce nid d'aigle où chaque jour on montait traire les bêtes en estive. Elle raconte le beurre, le caillé, le bout de jambon calé sur un quignon de pain, la descente sur le village à la nuit tombée. Elle en profite pour ouvrir la boîte à frissons en évoquant les loups et les sorcières qui dansent les nuits de pleine lune. Elle embellit ses souvenirs. Elle entrouvre la porte pour laisser entrer le vent de la nostalgie. « J'avais quinze ans et je n'avais pas mal au dos et aux jambes, comme aujourd'hui. » Elle conte sans brusquer les mots.

Sa fable est ponctuée par la louche remplie de pâte à crêpe, laquelle rejoint un cône en bois qui tourne inlassablement au-dessus de l'âtre. Marie façonne un gâteau à la broche, la spécialité du pays. Imaginez une manivelle, un cône qui se recouvre petit à petit de pâte liquide qui croustille illico en formant des larmes biscuitées. Après de nombreux tours de manivelle et de nombreuses couches de pâte, on dégage le biscuit du cône et on obtient un chapeau pointu digne de la tête d'un magicien. Ce gâteau qui sent la fleur d'oranger se grignote à plusieurs. On le pose comme un sommet pyrénéen au centre de la table et chacun se régale en picorant de menus morceaux.

L'Arrioutou est un garde-manger sauvage qui n'a jamais fréquenté l'école. On élève les canards gras, les lapins, les cochons et les poules dans la vallée. On monte ensuite la basse-cour conditionnée dans des bocaux de verre jusqu'à cette table du dimanche. Inlassablement, on prépare la gibelotte, le confit aux pommes de terre sautées à l'ail. On cuisine la truite tout simplement. On mijote le cochon au vin rouge. On improvise à la demande un ragoût aux haricots tarbais. On découpe en parts généreuses la tarte aux pommes toujours trop cuite. On boit le vin à larges gorgées. On lampe la gnole qui élimine les douleurs articulaires. On vit à la louche. La petite cuillère qui donne habituellement la becquée reste dans le tiroir à couverts. On taille de grands morceaux de pain dans la couronne de cette vie qui n'existe pas que dans les livres. John et moi, tous, nous devenons des hommes épris de bonté, de générosité. On téléphone à Ennio Morricone pour qu'il nous compose une musique sur-mesure, pour cordes et vents. Notre descente va sonner comme un hymne national.

Sur le pas de la porte, Marie s'enquiert une dernière fois de notre bonheur. Elle nous raccompagne jusqu'à la voiture. Au premier coup de démarreur, elle m'embrasse et dit : « Vous savez, je cuisine que du primitif, je ne sais faire que ça. » Puis elle ajoute avec tendresse : « Vous devez être malheureux, à Paris, car on n'y mange que des pizzas ! »

Le Sauvignon

Je pourrais décrire le Sauvignon, bistro à vins de Paris, comme une salle d'attente. C'est probablement là que j'ai le plus stationné à une époque où le boulot m'avait pris en grippe.

Créé par Henri et Alice Vergne dans les années 1950, ce café de coin de rue existe toujours. Il a participé à la vie intellectuelle de la capitale.

Inutile de préciser que la vie intellectuelle, culturelle de Paris n'a jamais décoiffé Henri et Alice. Elle pouvait s'organiser, prendre forme au comptoir entre un verre de Quincy et un verre de Puligny-Montrachet sans qu'Henri s'en mêle.

J'ai connu le Sauvignon sans terrasse. Ce petit bouge grand comme un mouchoir de Cholet tournait en rond autour d'un poêle à feu continu. Du bois, du charbon, et la vie se sentait chez elle. Au sous-sol, sous le carreau de Paris, on tirait le vin. Le nectar du Beaujolais, de la Loire, de la Bourgogne arrivait en tonneau. En deux coups d'épaule, trois tourniquets et un coup de sueur, le fût se retrouvait calé avec un robinet en bois coincé entre les dents.

On raconte que la beauté descend toujours du ciel. Chez Henri, elle montait des entrailles de la terre. Imaginez Henri sortant de la cave avec ses paniers à bouteilles. Imaginez Henri plongeant dans cette réserve secrète pour ressortir un fromage de Cantal vieux de douze mois. Cette cueillette quotidienne me rendait heureux.

J'étais un peu trop oisif, amoureux de la vie comme elle se présente, quelle que fût la météo. J'étais un piéton contemplatif, un rôdeur déguisé en papier buvard. Je payais comptant mon errance pour qu'elle ne soit pas achetée par un voisin jaloux. Mes chaussures étaient mon GPS ; je les réglais le matin pour le VIe arrondissement et leur emboîtais le pas.

C'est ainsi qu'un jour, en plein Saint-Germain-des-Prés, je suis entré par hasard dans le sillage de Marcello Mastroianni. Il flânait, s'arrêtait devant chaque galerie de peinture, entrait dans des librairies. Je le suivais comme un détective. Il fumait avec élégance, son fume-cigarette coincé entre les doigts. Il ne marchait pas, il survolait. L'air lui offrait un coussin moelleux. Plus il volait de boutique en boutique, léger comme un ange, plus je sentais mes pas lourds, très lourds. Inscrit dans sa trace, j'ai pillé ses attitudes jusque dans les moindres détails. Je voulais errer, me balader comme Marcello, battant des ailes pour que le coussin de l'acteur se glisse aussi sous mes pas. Je l'ai laissé seul siffler sa balade si douce, et me suis inscrit à l'école de l'élégance pour y suivre une formation accélérée.

C'est donc avec ces images fulgurantes et quotidiennes que j'entre au Sauvignon. L'endroit est si beau pour organiser un débriefing ! J'adore le cœur de la matinée. Il est 10 heures, les boutiques de mode remontent leur rideau. Henri passe un coup de brosse dans la tignasse du trottoir. Son voisin le lave à l'eau courante. Au cœur de la matinée, les voitures se font caressantes. La circulation est encore ensommeillée, respectueuse des piétons. Les idées sont propres, gominées, parfumées. Le café et le pain Poilâne beurré sont réservés aux dames du quartier. Le vin blanc frais habille déjà le verre d'Henri.

Ce premier verre est comme la lourde porte qui s'ouvre sur le Palais des Papes un soir de festival. Il libère. Il ne lui manque que la parole, tant il est intelligent. Il prend la vie à rebrousse-poil. Aimant, fraternel, il est surtout partagé avec Henri. Il est le signe d'une reconnaissance éternelle.

On bavarde du pays que l'un et l'autre on délaisse un peu trop. Le premier verre de vin blanc a besoin de nostalgie, d'évocation, ou d'épousseter les contours de la famille, de chasser le brouillard de la chaîne des Puys de notre Auvergne. On se cause, verre contre verre, gorgée contre gorgée.

Puis Henri retourne au boulot. Il tranche lamelle après lamelle les fameuses miches Poilâne. Il faut le voir caler le pain au cœur de sa poitrine et faire voler la tranche sous le fil du couteau. C'est le menuisier qui pousse sa varlope et le copeau qui s'enroule avec raffinement sur l'établi. La tranche est beurrée avec parcimonie. Parcimonie est d'ailleurs un bien grand mot : caresse serait le mot idéal. Avec une caresse de deux cent cinquante grammes, Henri doit tartiner à peu près un stère de pain… c'est dire !

Le jambon suit le même chemin de la poitrine d'Henri et du couteau. Les tranches sont fines, très fines. Fin est d'ailleurs aussi un bien grand mot. Arachnéen serait plus approprié. Le journaliste Christian Millau avait d'ailleurs écrit : « *La tranche de jambon du Sauvignon est tellement fine qu'elle ne possède qu'une seule face.* » Les tartines de jambon, de saucisse sèche sont entassées sur la planche à découper, et la miche Poilâne ainsi reconstituée. Les trottoirs du pain, les entames sont découpés en gros morceaux et placés sur une assiette aux côtés du crottin de Chavignol. Les tartines délicates sont alignées pile-poil dans une vitrine à porte coulissante. Le torchon d'Henri ôte les traces de doigts sur la cage de verre, véritable salon d'exposition. La vitrine est pleine, la vitrine est belle, on peut boire un coup.

Henri ne bascule jamais son verre d'une traite, il le butine. Au zinc, les copains du patron défilent. Ils portent bien : le costume tweed, l'épingle à cravate, les boutons de manchette qui sonnent sur le bar. On parle de perdreau et de bécasse, pas de marketing ni de CAC 40.

Le vieux père Poilâne est assis près du poêle, son béret noir ouvert comme un large parapluie au-dessus de sa tête. Il fait une pause entre deux fournées. Après sa tournée et celle d'Henri, il retournera rue du Cherche-Midi pour offrir un petit biscuit à chaque client qui patiente dans la file d'attente. Cela s'appelle de la communication sans attachée de presse. Bravo, l'artiste du fournil !

Henri pense toujours que le monde est mal fait pour les autres. Il a souvent peur du mauvais sort qui tourne autour de ses amis. Il peut être l'Harpagon de la tartine et devenir en une seconde le mécène, le Père Noël d'un artiste. Il ne comprend pas grand-chose à la prose ni aux vers, mais il sait intimement qu'il faut protéger envers et contre tout ceux qui roulent les mots pour les distribuer aux autres.

Le grand acteur Laurent Terzieff en sait quelque chose. Henri l'a connu à ses débuts, à l'époque du pain noir. Henri ne l'a jamais vu sur scène, mais les habitués du zinc lui racontent les prouesses de l'acteur. Il n'en faut pas plus pour qu'Henri le prenne sous son aile. Qu'a-t-il de plus beau à offrir que son Saint-Émilion, son beurre, ses charcuteries et ses fromages? À chaque passage de son héros, Henri le régale. Le grand acteur mystérieux n'a pas le temps de lever le nez de son verre qu'il est à nouveau rempli. Une dernière bouchée de saucisse sèche et voilà la tartine de Cantal qui glisse sur l'assiette. Pas de grande conversation entre les deux hommes. L'un évoque à demi-mot sa pièce de Pirandello, l'autre parle de son dernier voyage à Mauriac, dans le Cantal. Toutefois, ils paraissent sur la même longueur d'ondes. Il y a de longs silences entre eux, mais ils semblent bien les aimer. C'est leur histoire, et personne ne peut s'y glisser. L'acteur tente une première sortie de scène, mais Henri le rappelle pour boire la «fulgurante». Deuxième sortie, et la «déchirante» est servie. L'acteur se réaccoude jusqu'à la «démarrante», qui scelle une bonne fois pour toutes la rencontre.

Un *nota bene* doit être ajouté à cette histoire : l'acteur repart toujours avec deux ou trois crottins de Chavignol, une bouteille de Quincy et une de Saint-Émilion enveloppées dans le journal de la veille. C'est pour la maison.

Au fil des années, Henri n'a rien changé à son accueil ni à sa forme de mécénat. Au fil des années, Laurent Terzieff est devenu vedette. Ses représentations affichent complet. Il est le bel acteur vivant que les amoureux du théâtre applaudissent. Sa vie décolle, mais Henri s'en fiche. Il reste pour lui son «petit Laurent» qui mange de la vache enragée et qui peine dans cette société injuste. Terzieff rend surtout visite à Henri parce qu'il se souvient de tout. À chaque passage, Henri tranche le pain, remplit les verres, prépare le paquetage pour la maison. L'acteur est ennuyé par cette débauche de sentiments. Touché au plus profond, il répète à Henri que tout va bien pour lui, qu'il est heureux, comblé. Henri n'écoute pas le comédien qui feint pour lui le bonheur. Il n'est pas dupe : son petit Laurent n'ose pas demander, il est trop pudique pour ça. Henri se bouche les oreilles : personne ne lui fera croire que son ami est à l'abri de la disette.

Un jour, probablement gêné par cette générosité sincère, Laurent Terzieff se faufile rue de Sèvres en empruntant le trottoir d'en face. Henri l'aperçoit. Dépité, il me confie : « Tu vois, il est gêné et n'ose pas venir me voir ! » Je me suis transformé en avocat de la défense pour traduire en mots doux la situation de l'acteur. Henri n'a rien dit, persuadé que personne n'ose plus affronter la réalité : son « petit Laurent » a faim et tout le monde s'en fout.

De jambon en saucisse, de crottin en petits biscuits Poilâne, Henri a racheté le quartier. Il est propriétaire de quelques appartements loués à des professions libérales. Au terme de chaque mois, les locataires passent au Sauvignon régler leur échéance. Il est 20 heures et à tour de rôle le docteur, le dentiste, l'avocat grimpent à l'étage pour retrouver Henri. Dans la petite salle à manger familiale, Henri encaisse les chèques. Il a les lunettes posées sur le bout du nez. Il suit avec son index le montant, l'intitulé, la signature. Il glisse le chèque dans une boîte à biscuits métallique transformée chaque fin de mois en coffre-fort. Une fois la quittance élaborée, Henri verse un grand verre de Saint-Émilion au locataire, comme on fait sur le marché d'Objat après la vente d'un veau de lait élevé sous la mère.

Après, chaque locataire campe sur sa conversation : grippe, appareil dentaire, article IV du Code Pénal, tout circule sur la toile cirée de la table. Nous sommes plusieurs, amateurs de rigolade, à patienter au bar pour assister à la descente dangereuse des locataires. On sent que l'amitié débordante est passée par là. À la montée, on voit passer la Science, la Connaissance ; l'élégance est de mise ; le nœud de cravate digne comme un glaïeul cueilli au jardin sur-le-champ. Au retour, la silhouette est moins assurée, la cravate semble sortie d'une manif à Saint-Michel, la démarche est ouatée, empreinte des effets secondaires du traitement bordelais. Plaisir pour certains locataires qui échappent, le temps d'une soirée, à une vie professionnelle trop chargée. Supplice pour d'autres à la vue fatidique de ce jour où l'ébriété de la rencontre déclenche le jeu de ficelles de l'angoisse dans le petit théâtre de la vie conjugale.

Henri a une démarche un peu heurtée. Il semble claudiquer. Ses chaussures paraissent trop étroites, trop serrées. « C'est la fatigue », commente-t-il. C'est notre rôle de le plaindre, de le réconforter. Un jour qu'il avait mal à un pied, je l'ai vu ôter sa chaussure, se saisir de son couteau à trancher, et découper à la hauteur du petit orteil une belle entaille dans le cuir usagé. Henri le podologue n'y va pas par quatre chemins. un cor douloureux et on adapte le chaussant. De l'artisanat, encore de l'artisanat !

Aujourd'hui, Alice, l'épouse d'Henri, essuie les verres au bar du paradis. Henri est rentré à Mauriac pour dessiner le bout de son chemin au volant de sa 4L Renault. Au début de son exil, il revenait chaque année, en novembre, pour fêter le beaujolais nouveau. Il faisait sa tournée des grands ducs : un verre chez Peret, un verre chez Cointepas, un verre chez Deconquans, un autre chez Rongier. Tous ces aventuriers du bistrot à vins accueillaient Henri comme un ancien président de la République des « leveurs de coude ». En veste de laine vert bouteille et pantalon de tergal gris, Henri Vergne profitait de ses escapades parisiennes pour colporter ses anecdotes et s'assurer qu'il avait toujours sa place dans le petit monde des « bois sans soif ».

Depuis quelques années, Mauriac le retient été comme hiver. Sa 4L est définitivement rangée au garage. À pied, il se rend au bistrot du coin où ses aventures parisiennes sont méconnues. Ses copains de classe partagent les tournées avec lui. Il conserve ses belles histoires dans sa table de nuit. Ici, personne ne sait que ministres, acteurs, journalistes, écrivains et autres artistes ont défilé à son zinc. Lui, d'ailleurs, ne se souvient pas de tous.

Lorsque son bistrot de la rue des Saints-Pères a été transformé, agrandi, rénové, il a récupéré son ancien comptoir. Il l'a fait livrer à Mauriac par un camionneur bien intentionné qui repartait à vide. Il a installé son ancien zinc dans son cellier. Il a collé au mur de sa maison quelques caricatures croquées par son ami Jean-Marie Philippe. Il a récupéré ses anciens verres, le tableau indiquant le prix des consommations. Il a recomposé chez lui sa vie de Paris. Il passe ses journées assis derrière son bar, et attend. Il suffirait de pousser la porte pour que…

Dimanche

Le dimanche est un jour particulier. Il échappe à la série des jours dits « ouvrables ». Il faut bien reconnaître une fois pour toutes que ces fameux jours ouvrables, qui le suivent, se ressemblent trait pour trait. Le lundi, le mardi, le mercredi et les autres galopent dans le même sens. Les habits du lundi habillent le mardi, puis le mercredi. On n'enregistre aucun changement au rayon du prêt-à-porter. Le dimanche, lui, a ses habits propres. Les habits du dimanche ont le col amidonné. Ils sentent la propreté de l'armoire, le parfum discret du bouquet sec de lavande dans le sachet en étamine. Ils ressemblent aux jardins bien ordonnés avec les fruitiers en espaliers et les haies de troènes au garde-à-vous.

Si l'on entre dans le détail de ce jour attachant, on constate qu'il change d'heure en heure. Il est caméléon alors que les ouvrables, eux, se contentent de ruminer leur ressemblance. Lundi matin ressemble à lundi après-midi et la monotonie distille ses heures en noir et blanc. Le dimanche matin, lui, respire la nonchalance pour certains. Le café patiente dans le filtre, le pain s'engourdit dans le toaster. Tout est permis pour eux. Ils ne s'en privent pas, les nonchalants, les oisifs, pour bloquer les aiguilles de la montre. C'est pour eux qu'un Anglais paresseux a inventé le brunch.

J'ai horreur du brunch, car on ne sait pas où l'on campe. On est en robe de chambre sans y être. On boit le thé en espérant le vin blanc. On croque le toast beurré en espérant le rôti froid. Il est 10 heures et certains veulent nous faire croire qu'il est déjà 14 heures. C'est le cirque, la désorganisation totale à table. Je ne supporte pas d'offrir aux oiseaux du balcon les miettes du croissant et le gras du jambon dans un même lâcher de nappe.

Le dimanche est le seul à autoriser tels égarements. S'il n'est pas empreint de cette nonchalance, le dimanche matin est le moment idéal pour entrer en cuisine avant les autres. On abandonne au reste de la famille la buée sur le miroir de la salle de bains et les fragrances des eaux de toilette. Le cuisinier du dimanche court au marché. Il aiguise sa curiosité au fil des étals. Il tâte la poire dans le dos du commerçant. Il rafraîchit sa main en brassant le mesclun. Il a souvent les yeux plus grands que son panier. Il conçoit très vite l'utilisation des restes du dimanche pour servir les repas des ouvrables. Le cueilleur dessine sur le marché la gourmandise de sa tribu. Elle passe souvent par ses propres goûts. S'il aime le pot-au-feu, il imagine le parmentier et le chou farci pour faire sourire le mercredi et le vendredi. Sous son chapeau dominical, les recettes prennent forme.

Certaines remplacent d'autres en une minute, c'est le tohu-bohu. Tout existe, tout s'annule. Il faut alors quitter le marché au plus vite pour retrouver ses esprits.

Cet homme préhistorique qui est sorti en solitaire de la grotte familiale fait toujours une halte rapide au zinc du marché. Café pour l'un, Sauvignon frais pour l'autre. Il a besoin de cette mini-récréation pour faire le point sur sa cueillette.

Le voilà chez lui. Rien n'a bougé en son absence. Seule une petite musique de jour est jouée par la pianiste Brigitte Engerer. Le CD chuchote à voix basse. Brigitte accompagne le dimanche matin avec une sensibilité qui va bien avec le jus du rôti. Le cuisinier signale son retour par un « hello » glorieux. Il a dans son panier ce qu'il veut pour lui et pour les autres. C'est le Père Noël qui va déposer dans quelques instants le quasi de veau aux carottes fondantes, le chou en salade à l'huile de sésame grillé, le gargouilleau aux poires. Contrairement au bonhomme à barbe blanche, lui repassera en fin de soirée pour apporter dans l'assiette le jambonneau en gelée et sa salade d'endives au roquefort.

Le voilà seul en face de ses soldats. Il organise ses troupes. Pour impressionner le fourneau, le grill et la cocotte, il ficelle autour de sa taille son tablier blanc. Il est prêt pour mener une première offensive. Il lance le rôti, fait dorer la bête sur toutes les faces. Il règle la puissance du feu. Il est seul à connaître sa flamme. Une flamme se dompte comme un fauve. Il faut avoir le coup de fouet habile et juste. Lorsque la couleur du rôti lui convient, il ajoute sa mirepoix pour le goût, la couleur. Les carottes, les navets, les oignons qui la composent jouent les garçons de piste. Ils évitent la brûlure et la douleur de la cocotte. Attention à une viande abandonnée sur le feu, seule au centre d'une cocotte : elle se venge de sa solitude et se transforme en diable. C'est pour cela que l'expert du dimanche occupe tout le fond de l'ustensile. Il maîtrise le murmure si doux de la cuisson.

Trois tours de moulin à poivre, trois tours de moulin à sel, trois tours de moulin à minutes, et le cuisinier commence à façonner son jus. L'os ajouté à la mirepoix, le bouillon de bœuf, poussent à la maîtrise du fameux jus. On décolle les sucs à la spatule. La tomate ne résiste pas longtemps à cette bousculade. Elle se mêle, se partage et s'évanouit. Un jus se masse comme le dos d'un patient. Il y faut de la fermeté et de la caresse. On ne perd jamais de l'œil un jus. Si, par malheur, on le laisse vagabonder à sa guise, il se met à hurler. Le jus a son caractère, un caractère bien trempé, qu'on se le dise !

Au fil de cette attention très soutenue, on coiffe ou on décoiffe la cocotte. Le couvercle régule la chanson. Fortissimo, pianissimo… Le visage du cuisinier s'embellit. Ses joues rosissent. Il est capitaine de frégate, chauffeur de locomotive. Il règne en maître dans son espace.

Un enfant en pyjama le rejoint dans sa tour de contrôle. Il veut voir, sentir, deviner. Le cuisinier soulève le couvercle de la cocotte, ceint le bambin par la taille et lui laisse découvrir et apprécier les volutes, les parfums. Un petit vent d'admiration souffle sur le père et le fils. On sait sans le dire que le plat du dimanche rassemble les cœurs et gomme les tracas de la semaine. Il soude les sentiments, rabiboche les fâchés.

Le gratin de pâtes est au four. Le cuisinier ajoute un peu de beurre en surface et quelques flocons de fromage. Le plat dore comme la sirène bronze sur la plage de Porquerolles.

Le cake aux zestes d'orange gonfle le torse dans le four attenant. La salade de fruits rouges confie ses histoires de jardin au verre de Grand-Marnier qui arrange si bien les vêtements des fruits qui ont oublié trop tôt les rayons du soleil.

La cuisine devient manufacture. Le champagne affirme sa prétention. Il tutoie le dimanche et vouvoie les autres jours. Il patiente dans son seau d'eau glacée.

La porte s'ouvre sur les invités. Les jonquilles, les anémones, les tulipes remplacent les baisers. On ordonne les fleurs. La maîtresse de maison ne cesse d'apprêter ses bouquets comme les « petites mains » dans les coulisses des défilés. On entrouvre la porte du jardin et les fenêtres pour laisser entrer les balbutiements d'un été encore frais. La framboise est déposée à la petite cuillère sur le verre de champagne. C'est un îlot délicieux qui esquisse les merveilles à venir.

Le plat est annoncé au centre de la table. Il est suivi par des applaudissements nourris : « Attendez, attendez ! Avant d'applaudir, il faut goûter », annonce le cuisinier. Lui sait que son plat est bon, très bon. Il l'a goûté en cachette. Il a prélevé une cuillère du jus qu'il a liché comme un chat. Partager un repas du dimanche demande le même recueillement que la prière à l'église. Attention aux bavardages débridés qui dérangent la danse de la fourchette dans l'assiette ! Le cuisinier rappelle de manière ferme que la conversation doit tourner autour de son plat. On garde les tribulations de l'indice boursier pour la promenade de l'après-midi. Chaque convive doit trouver le mot juste pour le combler. Lui est cabotin. Il refuse avec une humilité un peu étudiée les envolées lyriques : « Oui, c'est pas mal », ajoute-t-il en harponnant un morceau de pain du bout de sa fourchette. Le jus est sa fierté. Seul sur une île, il le goûterait à la paille, comme le gosse siffle sa grenadine à l'heure du goûter.

Après ce festival on croise et on décroise les jambes. On recule sa chaise. Chacun tricote son bonheur, repu. Le cuisinier réorganise son atelier. Il jette. Il garde. Il grignote à la volée le croupion de la volaille ou l'entame du rôti. On réordonne la table pour le dernier acte. Comme au tennis, « on fait balles neuves ». Une fois le cake tranché, les fruits rouges disparus, le café est servi, les liqueurs appréciées. L'heure est à la douceur, à la contemplation.

Elle est curieuse, la promenade du dimanche. Elle va au rythme de la convalescence. On fait le tour du parc, de l'étang, à pas calculés. Le manteau est jeté sur les épaules. On devine que cette escapade donnant le bras au soleil descendant est une parenthèse. Les voitures s'entassent au feu rouge du croisement. Les malades de la prévoyance rentrent chez eux avant le coup de feu du soir. Il fait plus frais et on évoque à demi-mot le programme de la semaine à venir. Les enfants détestent ce moment-là. Ils veulent et réclament une troisième mi-temps. Pourquoi se quitter alors qu'il ne fait pas encore nuit ? Le père et la mère se veulent rassurants. Il y a le bain à prendre, les devoirs à terminer, la poésie à survoler une dernière fois. « Et puis, ton père a ses dossiers à préparer pour demain. » Allez donc savoir pour quelle raison le père n'a pas préparé ses dossiers avant, avant ce fameux dimanche soir ?

À ce moment précis, le dimanche soir commence à semer les graines de l'angoisse et de la déprime. Tout allait bien jusqu'au milieu de cette balade digestive, et d'un coup, patatras, tout bascule dans le brouillard. Adieu, fierté de la cuisine du matin ; adieu, marché dynamique ; adieu, apéritif frais et amis qui débarquent ; adieu, déjeuner fleuri ! Le temps de la repentance a sonné. L'heure n'est plus à la rigolade. Il faut ranger les ballons dans la cabane du jardin. Le cœur n'y est plus. Le moral ressemble aux boutiques qui dorment à poings fermés pour mieux rouvrir le lendemain. Un poids lourd se gare au creux de l'estomac. On n'a envie de rien. On a envie de pleurer sur la boîte de biscuits restée ouverte sur la table de la salle à manger.

Le responsable de cette déroute est là, campé dans ses bottes de cuir noir. Il nous barre le passage. Il étouffe nos rires avec ses mitaines qui sentent le labeur et la sueur. Il est là, campé comme un douanier qui suspecte notre bonheur. Ce sale bonhomme s'appelle le Lundi. Il a l'allure de la pension qui sent le renfermé. Il a le sourire crispé du surveillant général qui réclame le carnet de correspondancfe. Il est détestable, les enfants lui font un pied de nez. On a envie de le jeter aux ordures avant même de l'avoir sorti de son emballage.

Spectateur de cette sale ambiance, le cuisinier peut subitement se transformer en sauveteur. Il peut reprendre la situation en main d'une seule phrase : « Et si on mangeait un petit quelque chose ensemble, comme ça, vite fait, histoire de se séparer heureux ? » La formule a l'effet d'un antidépresseur. Le cuisinier n'attend aucune réponse. Il décide pour tous, c'est son rôle. Il emballe, fédère les troupes, désarme les rebelles. L'heure hésite entre chien et loup. Demain on ira à l'école d'un cœur léger. Le Lundi en costume sombre est *out*. Il est KO, le vilain jour. Que les angoissés rentrent chez eux ; nous, les joyeux, on va manger ensemble trois fois rien, mais on restera ensemble, et c'est le plus important. La nappe du déjeuner avec ses taches de vin et de café restera sur la table. De mémoire, on replace les serviettes de midi. Chacun reprend son siège. L'habitude a déjà fait son lit. On sert un petit apéritif pour ne pas perdre la main.

Chacun veut aider le chef, mais la proposition est déclinée par le héros du jour. Il ira seul, sur son cheval blanc, au bout de sa mission. Il concocte un clafoutis au lard fumé et au persil. Il bat les œufs, ajoute la farine. Lorsque le fouet s'essouffle dans la pâte qui épaissit, il détend la préparation au lait. Il ajoute la crème fraîche, le beurre noisette, les lardons et la botte de persil. En deux mouvements, le plat est au four, la salade apprêtée et le brouilly carafé.

Voilà le costume idéal du dimanche soir : un clafoutis tiède, une salade vive et abondante, une large carafe de vin rouge. Il n'en faut pas plus pour que le lundi devienne un jour respectable. Il ne faut pas se laisser impressionner par ses battements d'ailes. Il ne faut pas fredonner son triste refrain. Il faut boire le dimanche jusqu'à plus soif.

Ça y est, le rideau est baissé sur ces histoires de vie. Je viens de relire les épreuves de ce livre. Je flâne dans mon jardin de Meudon en attendant mon taxi. Le cerisier est en fleurs, le marronnier ouvre ses feuilles délicates. Je vais, je viens. Au cours de mes balades je jette un œil à mon petit lilas. Il est haut comme trois pommes. Ce lilas vient du jardin de ma grand-mère Louise. Mon père en a fait une bouture, qu'il m'a offerte il y a dix ans.

Ce lilas blanc n'a jamais fleuri. Il occupe le jardin comme un roi-fainéant, mais je refuse de l'arracher. Je ne peux me faire à cette idée-là.

Ce matin, je le houspille d'une main légère et je découvre là, à la hauteur de mon regard, cinq ou six boutons qui s'apprêtent à éclore.

C'est le lilas blanc de Louise.

Sa jolie main de grand-mère vient de se poser sur mon épaule aujourd'hui, vendredi 18 avril 2008.

Mes envies de vivre

Table

Cet ouvrage a été composé en Times par Palimpseste à Paris

Pour l'éditeur, le principe est d'utiliser des papiers composés de fibres naturelles, renouvelables, recyclables et fabriquées à partir de bois issus de forêts qui adoptent un système d'aménagement durable.

En outre, l'éditeur attend de ses fournisseurs de papier qu'ils s'inscrivent dans une démarche de certification environnementale reconnue.